Björn Natthiko Lindeblad

Caroline Bankler · Navid Modiri

Ich kann mich irren

Bereits mit Mitte zwanzig ist Björn Lindeblad ein erfolgreicher Kaufmann. Er hat einen Firmenwagen, Sekretärinnen, ein schönes Haus am Meer, fliegt Businessclass. Doch bald merkt er, dass erfolgreich zu sein nicht dasselbe ist wie glücklich zu sein. Also entscheidet er sich für einen radikalen Schritt. Er kündigt seinen gut bezahlten Job in der Wirtschaft, verschenkt seinen Besitz und tritt in ein buddhistisches Kloster im Dschungel Thailands ein.

Mit Wärme und Tiefe erzählt er von seiner Zeit als Mönch und den Jahren danach, als er lernen musste, wieder in den normalen Alltag zurückzufinden – und die Diagnose der unheilbaren Krankheit ALS anzunehmen. Seine Empfindung von Dankbarkeit für jeden Tag und seine Lebensklugheit teilt er in diesem berührenden Buch voller Weisheit, Humor und Zuversicht.

Björn Natthiko Lindeblad, geboren 1961, war ein ein buddhistischer Mönch, Meditationslehrer und Vortragsredner. Sein Ideal war es, »an Weisheit zu gewinnen«, wie sein buddhistischer Name Natthiko es besagt. Sein Buch hat er zusammen mit seinen Freunden Caroline Bankler und Navid Modiri verfasst. An ALS erkrankt, verstarb Lindeblad 2022 im Beisein seiner Familie.

Caroline Bankler, geboren 1983, ist Autorin, Produzentin und Projektmanagerin.
Navid Modiri, geboren 1983, ist Podcaster, Redner und Autor.

BJÖRN NATTHIKO LINDEBLAD
CAROLINE BANKLER · NAVID MODIRI

Ich kann mich irren

Weisheiten aus dem Leben
eines buddhistischen Waldmönchs

Aus dem Schwedischen
von Sigrid C. Engeler

dtv

Die deutschsprachige Ausgabe ist bei dtv bereits 2021
unter folgendem Titel als Klappenbroschur erschienen:
Ich hatte nicht immer, was ich wollte, aber alles, was ich brauchte
Erkenntnisse aus meinem Leben als buddhistischer Mönch

MIX
Papier | Fördert gute Waldnutzung
FSC® C019821

4. Auflage 2026
Taschenbuchausgabe 2023

Titel der schwedischen Originalausgabe bei Bonnier Fakta:
Jag kan ha fel
och andra visdomar från mitt liv som buddhistmunk
Published by agreement with Salomonsson Agency
Deutschsprachige Ausgabe:

Tumblingerstraße 21, 80337 München
produktsicherheit@dtv.de

Umschlaggestaltung: dtv nach einem Entwurf von David Mann
Umschlagmotiv: shutterstock.com
Satz: Fotosatz Amann, Memmingen
Gesetzt aus der Aldus LT
Druck und Bindung: Druckerei C.H.Beck, Nördlingen
Printed in Germany · ISBN 978-3-423-35209-3

Inhalt

Meine Superkraft

Als ich nicht länger als Mönch lebte und nach Schweden zurückgekommen war, bat mich eine Zeitung um ein Interview. Sie interessierte sich für meine etwas ungewöhnliche Lebensgestaltung. Warum verschenkte ein erfolgreicher Diplom-Kaufmann seinen Besitz, rasierte sich die Haare ab und zog zu einer Gruppe von Fremden in den Dschungel? Bei dem Interview stellte der Journalist nach einer Weile die Tausend-Kronen-Frage:

»Welche ist für Sie die wichtigste Lehre aus den siebzehn Jahren als buddhistischer Mönch?«

Ich fühlte mich von der Frage etwas unter Druck gesetzt und wurde nervös. Da ich aber bei ausgerechnet dieser Frage weder zögern noch ausweichend antworten wollte, musste ich schnell reagieren.

Mein Gesprächspartner war offenkundig spirituell nicht interessiert. Ihm musste doch aufgefallen sein, worauf ich in meiner Zeit als Mönch verzichtet hatte. Ich hatte immerhin ohne Geld gelebt, ohne Sex, ohne Fernsehserien, ohne Romane, ohne Alkohol, ohne eine Familie zu gründen, ohne Ferien, ohne auszugehen, ohne moderne Bequemlichkeiten, ohne zu entscheiden, wann und was ich essen sollte.

Siebzehn Jahre lang.

Freiwillig.

Was hatte ich dafür bekommen?

Mir war wichtig, aufrichtig zu sein. Die Antwort sollte für mich stimmen, sie musste wahr sein. Ich spürte also nach und bald schoss sie von irgendwo tief aus meinem Inneren empor:

Am allermeisten schätze ich an dem täglichen spirituellen Training, über *siebzehn Jahre lang, dass ich nicht mehr an alles glaube, was ich denke.*

Das ist meine Superkraft.

Das Gute daran ist, dass alle über diese Superkraft verfügen. Auch du. Wenn du sie verloren hast, kann ich dir hoffentlich dabei helfen, sie wiederzufinden.

Ich empfinde es als großes Privileg, dass ich so oft die Gelegenheit hatte, andere daran teilhaben zu lassen, was ich in all den Jahren ununterbrochener spiritueller und persönlicher Entwicklung gelernt habe. Diese Möglichkeit habe ich immer als zutiefst sinnvoll empfunden. Ich habe so unerhört viel bekommen, was mir im Leben geholfen hat, was vieles einfacher gemacht und es mir erleichtert hat, ich selbst zu sein. Wenn ich Glück habe, findest du in diesem Buch etwas, was dir hilfreich sein wird. Einige meiner Lehren waren für mich buchstäblich lebenswichtig, nicht zuletzt in den letzten beiden Jahren, seitdem ich – früher, als ich es wollte – im Warteraum des Todes gelandet bin. Vielleicht hört es hier auf. Aber hier beginnt es auch.

Gewahrsein

Ich bin acht Jahre alt. Wie meist wache ich vor allen anderen auf. Ich bin bei den Großeltern auf einer Insel nahe Karlskrona, ich schlendere durch das Haus und warte darauf, dass mein kleiner Bruder Nils aufwacht. Vor dem Küchenfenster bleibe ich stehen. Auf einmal verstummt das innere Gemurmel.

Es wird ganz still. Der verchromte Toaster auf der Fensterbank ist so schön, dass ich kurz den Atem anhalte. Die Zeit bleibt stehen. Über allem liegt ein Schimmer. Am morgenblauen Himmel lächeln ein paar Wölkchen. Die Birke vor dem Fenster wiegt ihr raschelndes Laub. Wohin ich den Blick auch wende, überall sehe ich Schönheit.

Damals habe ich dieses Erlebnis nicht in Worte gefasst, aber jetzt will ich es versuchen. Alles schien mir zuzuflüstern: »*Willkommen zu Hause.*« Zum ersten Mal fühlte ich mich auf diesem Planeten ganz daheim. Ich war da, an diesem Ort, in diesem Moment, ohne einen Gedanken. Dann kamen mir die Tränen und mir wurde warm ums Herz. Heute würde ich dieses Gefühl Dankbarkeit nennen. Danach kam die Hoffnung, dieser Moment möge ewig dauern, zumindest richtig lange. Das tat er natürlich nicht. Aber ich habe diesen Morgen nie vergessen.

Mit dem Wort *Mindfulness* konnte ich nie wirklich etwas anfangen. Wenn ich richtig präsent bin, fühlt sich mein Geist nicht *voll* an, sondern eher wie ein leerer Raum, groß und einladend, mit viel Platz. Auch manche Übersetzungen von *Mindfulness* klingen anstrengend und gar nicht entspannt. Deshalb möchte ich die Begriffe *Gewahrsein* und *Achtsamkeit* verwenden.

Wir werden gewahr, wir bleiben gewahr, wir sind gewahr. Das Gefühl von *Gewahrsein,* das war es, was an dem frühen Morgen beim Toaster in Karlskrona aufkeimte. Es fühlt sich so an, als würden wir uns ungezwungen zurücklehnen. Gedanken, Gefühle, die Empfindungen des Körpers – alles darf *genauso sein, wie es ist.* In diesem Zustand werden wir ein bisschen größer. Wir bemerken Dinge in uns und in unserem Umfeld, die wir vorher nicht wahrgenommen haben. Es ist ein inniges Gefühl, so als wäre ein innerer Freund immer bei uns.

Unsere Achtsamkeit beeinflusst natürlich auch unser Verhältnis zu anderen. Wir alle wissen, wie es ist, wenn wir mit jemandem zu tun haben, der nicht bei der Sache, nicht präsent ist. Da stört die ganze Zeit etwas, etwas fehlt. Besonders deutlich merkt man das beim Kontakt mit kleinen Kindern. Unsere analytischen Fähigkeiten imponieren ihnen gar nicht, aber wenn wir präsent sind, sind sie auch ganz bei der Sache. Sie spüren, wenn wir so tun, als ob, oder wenn wir mit unseren Gedanken woanders sind. Genauso ist es mit Tieren. Und sobald wir präsent sind und nicht wie hypnotisiert von jedem Gedanken, der uns plötzlich in den Sinn kommt, empfinden andere unsere Gesellschaft als sehr viel angenehmer. Sie schenken uns ihr Vertrauen. Ihre Aufmerksamkeit. Wir bekommen einen völlig anderen Kontakt zu unserer Umwelt. Das weißt du sicherlich, und vielleicht ist es für dich eine Selbstverständlichkeit. Allerdings ist vielen von uns dies im Eifer des Gefechts nicht bewusst. Häufig sind wir damit beschäftigt, smart und beeindruckend zu wirken, sodass wir vergessen, auf einen Zustand wahrer Präsenz zu achten.

Erfolgreich, aber nicht glücklich

Ich schloss das Gymnasium mit guten Noten ab und konnte bei der weiteren Ausbildung ziemlich frei wählen. Aber ich hatte keinen Plan für meine Zukunft. Ich hatte mich für verschiedene Ausbildungen beworben, aber eher locker und spielerisch. Rein zufällig war ich im August zur Zeit der Aufnahmeprüfung für die Handelshochschule in Stockholm. Mein Vater hatte diese berufliche Laufbahn eingeschlagen: Finanzen, Wirtschaft und große Unternehmen. Ich machte die Prüfung, nahm einen ganzen Tag lang an schwierigen Tests unterschiedlichster Art teil. Wie sich zeigte, erledigte ich die Aufgaben gut, und ein paar Monate später erhielt ich die Nachricht, dass ich bestanden hatte. Immer noch ohne Plan dachte ich, ich hätte nichts zu verlieren, wenn ich das Studium der Wirtschaftswissenschaften absolvierte, denn das ist immer gut, weil es bekanntermaßen viele Türen öffnet. Aber wenn ich ehrlich bin, habe ich vor allem damit angefangen, weil mein Vater so stolz auf mich war.

Im Frühjahr 1985 machte ich an der Handelshochschule im Alter von 23 Jahren das Abschlussexamen. Die Situation auf dem schwedischen Arbeitsmarkt war damals günstig. Die Arbeitgeber rekrutierten uns auf der Hochschule, noch ehe wir unser Examen abgelegt hatten. So saß ich an einem sonnigen Abend im Mai mit einem älteren Banker in einem todschicken Restaurant am Strandvägen, einer Prachtstraße in Stockholm. Beim Essen wurde ich für einen potenziellen Job interviewt. Zwar gab ich mir Mühe, so intelligent wie möglich zu klingen, aber in Verbindung mit einem Restaurantbesuch fiel mir das immer schwer. Als wir uns zum Abschied die Hand gaben, sagte der Banker:

»Sehr wahrscheinlich werden wir Sie zu weiteren Bewerbungsgesprächen ins Hauptbüro nach London einladen. Aber darf ich Ihnen vor Ihrem Besuch einen Rat geben?«

»Ja, klar.«

»Wenn Sie für weitere Jobinterviews mit meinen Kollegen nach London kommen, sollten Sie versuchen, etwas interessierter an der Arbeit zu klingen.«

Natürlich verstand ich, was er meinte, war aber überrascht, dass man es mir so deutlich angemerkt hatte. Ich war damals ein junger Mensch, der sein zukünftiges Leben noch suchte. In dem Alter macht man dies eben, so gut man kann. Manchmal gehört dazu ein gewisses Maß an Schauspielerei. Man tut so, als wäre man an etwas mehr interessiert, als es tatsächlich der Fall ist. Aber offenbar hatte mein Schauspieltalent dafür nicht ausgereicht. Allerdings stellte sich die Frage sowieso nicht mehr. Ich bekam andere Jobangebote, und schon bald begann ich, die berühmte Karriereleiter hinaufzuklettern.

Ein paar Jahre später lag ich an einem Sonntagnachmittag im Mai auf meinem kratzigen roten IKEA-Sofa, das ich aus Schweden mitgebracht hatte, und spürte den warmen Wind vom Meer durchs offene Fenster. Ich war in einem großen internationalen Unternehmen angestellt und arbeitete zu der Zeit in einer Niederlassung in Spanien. Ich hatte einen Firmenwagen. Sekretärinnen. Ich flog Businessclass. Hatte ein schönes Haus am Meer. In zwei Monaten sollte ich der bis dahin jüngste Finanzchef einer Tochterfirma des schwedischen Unternehmens AGA Gas AB werden. Ich erschien in der firmeneigenen Zeitung. In den Augen anderer war ich erfolgreich. Ich war erst 26 Jahre alt, und von außen betrachtet wirkte es bestimmt so, als liefe alles hervorragend. Aber erkennen mit der Zeit nicht fast alle, die in den Augen anderer erfolgreich sind, dass dies keineswegs eine Gewähr für das Glück ist? Ich glaube schon.

Erfolgreich zu sein ist nicht dasselbe wie glücklich zu sein.

In den Augen anderer hatte ich klug gehandelt. Offenbar hatte ich materiell und beruflich Erfolg. Direkt nach dem Examen erlebte ich in der Wirtschaft drei intensive Jahre in einem halben Dutzend von Ländern. Alles funktionierte mit Willen und Disziplin. Ich spielte auch weiterhin meine Rolle, tat so, als interessierte ich mich für Ökonomie. Eine Weile geht so etwas. Aber natürlich kommt im Leben eines jeden Menschen der Tag, an dem die Disziplin als Antriebskraft nicht mehr reicht. Unsere Arbeit und die anderen Dinge, denen wir uns täglich widmen, müssen tief in unserem Inneren zu einer gewissen Erfüllung und Inspiration führen. Eine solche innere Quelle, die uns stärkt, entsteht allerdings selten allein durch äußerlich sichtbaren Erfolg. Sie wird vielmehr durch ein Gefühl der Zusammengehörigkeit gefördert – etwa mit Menschen, mit denen wir zusammenarbeiten – oder weil wir einen Sinn in der Arbeit sehen oder unsere Begabungen einbringen können.

Wenn ich mit Anzug und Krawatte und meiner glänzenden Tasche zur Arbeit ging, fühlte ich mich ein bisschen wie als Diplom-Kaufmann verkleidet. Morgens vor dem Badezimmerspiegel knotete ich mir die Krawatte, drehte die Daumen nach oben und sagte zu meinem Spiegelbild: »*It's showtime, folks!*« Aber tief in meinem Inneren erlebte ich meine Situation eher so: »*Es geht mir nicht so gut. Ich gehe eigentlich nicht gern zur Arbeit. Ich habe oft Angst, wenn ich an die Arbeit denke.*« Im Hintergrund drehte sich 24 Stunden am Tag ein Gedankenkarussell mit Überlegungen wie: »*Bin ich gut genug vorbereitet? Genüge ich den Anforderungen? Wann wird mich jemand durchschauen? Wann werden die anderen erkennen, dass ich hier nur sitze und so tue, als interessierte ich mich für Finanzfragen?*«

Als ich so auf dem roten Sofa lag, meldeten sich die Zweifel besonders laut. Ich dachte an das, was in den Büchern gestanden hatte, die wir auf der Hochschule gelesen hatten. Was sollte der Antrieb für einen Ökonomen in einem großen Unternehmen sein? Ganz genau – das Vermögen der Aktienbesitzer zu vermehren. *Was bedeutet das für mich? Wer sind die Aktionäre? Hatte ich jemals einen von ihnen getroffen? (Und warum sollte ich daran interessiert sein, ihr Vermögen zu maximieren?)*

Hartnäckig drehten sich meine Gedanken in der folgenden Woche um die vor mir liegenden Aufgaben. Für einiges, was in der Woche anlag, fühlte ich mich nicht gewappnet. Bei einem Treffen der Geschäftsleitung wurde von mir eine Meinung erwartet, ob außerhalb von Madrid eine Fabrik für Kohlendioxid gebaut werden sollte oder nicht. Außerdem musste ein Vierteljahresbericht erstellt und nach Schweden geschickt werden. Es waren veritable Ängste, die mich bedrückten. Wahrscheinlich können sich viele Menschen darin wiederfinden. Ist man in einen solchen Zustand geraten, scheinen alle Gedanken durch einen dunklen Filter geschleust zu werden. Woran auch immer man denkt, man wird unruhig, Nervosität und Resignation kommen auf, sogar Ängste und ein Gefühl der Hilflosigkeit. Ich weiß noch, dass ich dachte: »*Wie kann ich mir selbst helfen? Ich stecke in finsteren Gedanken fest. Aber dadurch geht es mir auch nicht besser.*«

Urplötzlich fiel mir ein Buch ein, das ich kurz zuvor gelesen hatte, sogar schon zum dritten Mal: *Zen und die Kunst, ein Motorrad zu warten*. Ich fand es ziemlich kompliziert. Sogar nach dem dritten Mal hatte ich schätzungsweise höchstens 30 bis 40 Prozent davon verstanden.

Eigentlich ging es nicht so sehr um den Zenbuddhismus und auch nicht so sehr um die Kunst, ein Motorrad zu warten. Aber vieles aus den beiden Bereichen wird darin angesprochen. Ein Gedanke, der bei mir hängen geblieben war, lautete in etwa: *Das Gelassene in uns Menschen, das Stille und Ruhige, was der permanente Gedankentrubel im Hintergrund nicht mitreißt – das ist wertvoll, und es lohnt sich, es zu beachten.*

Nach einer Weile stellte sich eine vage Erkenntnis ein. »*Okay. Alle Gedanken, die ich jetzt denke, tragen dazu bei, dass es mir schlecht geht. Offenbar klappt es nicht, wenn ich die Gedanken anhalten will. Sie gegen positive Gedanken auszutauschen, wirkt auf mich unglaubwürdig. Soll ich etwa so tun, als würde ich mich auf das Treffen der Geschäfts-*

leitung freuen? Wie tief geht das? Was soll ich machen, wenn ich zur Ruhe kommen will, aber meine Gedanken mich förmlich hypnotisieren?«

Das Buch zeigte, wie wertvoll es ist, die Stille in uns wahrzunehmen. Aber wie ging das? Wie konnte ich mich ganz praktisch auf meine innere Ruhe und Gelassenheit ausrichten? Mir war nicht klar, wie ich das anstellen sollte, aber die Vorstellung gefiel mir.

Dass Meditieren ein möglicher Weg sein konnte, um dieses Ziel zu erreichen, hatte ich begriffen. Aber ich wusste sehr wenig darüber, was Meditation eigentlich bedeutet. Offenbar ging es zum großen Teil um die Atmung. Menschen, die meditierten, schienen sehr mit ihrer Atmung beschäftigt zu sein. Das konnte doch wohl nicht so schwer sein? Atmete ich nicht schon seit meiner Geburt? Allerdings war mir aufgefallen, dass sie sich auf den Atem fokussierten, dass sie die Atmung offenbar beobachteten. Was ich schließlich nicht tat. Aber das konnte ich doch mal probieren? Einen Versuch war es wert.

Also fing ich an, mich dilettantisch auf die Atmung zu konzentrieren, in etwa so: *»Hier beginnt die Einatmung. Hier endet sie. Hier beginnt die Ausatmung. Hier endet sie. Kurze Pause.«*

Ich kann nicht behaupten, dass es leicht war oder sich besonders natürlich anfühlte. Ich musste die ganze Zeit kämpfen, um bei der Sache zu bleiben. Aber zehn bis fünfzehn Minuten schaffte ich es. Geduldig bemühte ich mich, immer wieder auf die Atmung zu achten, während die Gedanken unaufhörlich abschweiften. *»Was soll ich beim Treffen der*

Geschäftsleitung sagen?« Oder: »*Soll ich heute Abend wieder Gazpacho essen?«* Oder: »*Wann werde ich wohl das nächste Mal nach Schweden fahren können?«* Oder: »*Warum hat meine Freundin mit mir Schluss gemacht?«*

Nach und nach stellte sich eine größere Ruhe ein, aber eher unauffällig, nicht auf eine religiöse oder mystische Weise. Ich wurde einfach ruhiger, so wie du vielleicht auch bei deiner Praxis im Laufe der Woche oder des Monats. Ruhig genug, um zum Gedankenstrom etwas Abstand zu bekommen. Ich merkte, dass der Druck auf meiner Brust nachließ und die Pausen zwischen den beunruhigenden Gedanken länger wurden. Einfach sein – dieses Gefühl wurde greifbarer. Aus dieser relativen Ruhe heraus, von einem ziemlich stillen Platz in meinem Inneren meldete sich leise eine Stimme. Es war kaum ein Gedanke, eher eine Eingebung. Etwas, das von nirgendwoher zu kommen schien, das nicht das letzte Glied einer Gedankenkette war oder das Resultat von Überlegungen. Deutlich, ganz klar und bereit dachte »es« in mir:

Es ist an der Zeit weiterzugehen.

Ich brauchte ungefähr fünf Sekunden, um mich zu entscheiden. Allein schon, mir den Gedanken zu gestatten, dass ich kündigen und alles hinter mir lassen sollte, war höchst belebend. Nur – war das nicht gefährlich? Mein Körper schien jedenfalls von einer pulsierenden Energie erfüllt zu werden. Unwillkürlich stand ich auf, ich musste mich ein bisschen schütteln. In dem Moment war ich Balu dem Bären nicht unähnlich. Ich fühlte mich stark und tatkräftig. Vielleicht hatte ich in diesem Augenblick zum ersten Mal eine Entscheidung getroffen, allein und ohne mich ängstlich über die Schulter blickend zu versichern, was wohl die anderen dachten.

Wenige Tage später kündigte ich.

Atme mehr, denke weniger

Die Versuche eines verzweifelten Sechsundzwanzigjährigen, fünfzehn Minuten zu meditieren, sollten letztendlich mehr für mich bedeuten, als ich damals in Spanien ahnen konnte. Mir ging es schlecht, und an sich wollte ich nur etwas tun, um besser zurechtzukommen. Aber das Ergebnis war so überzeugend, dass ich Lust auf mehr bekam. Ich wollte mehr von dieser klugen Stimme in mir erfahren.

Nicht, dass ich ein großartiges Erlebnis gehabt hätte, als ich anfing, nach innen zu hören, oder dass ich einen besonderen Bewusstseinszustand erreicht hätte. Aber die wirbelnden Gedanken pausierten, und das schenkte mir ein unerhörtes Gefühl von Freiheit. Die Gedanken waren zwar nicht vollständig verschwunden, aber längst nicht mehr so hypnotisch. Es war, als wäre ich innerlich einen Schritt zurückgetreten und als hätte ich angefangen, Folgendes zu verstehen: Ich *habe* Gedanken, aber ich *bin* nicht meine Gedanken.

Dabei sind die Gedanken an sich nicht das Problem. Aber sich automatisch, unbesehen mit jedem Gedanken zu identifizieren – das ist ein riesengroßes Problem. Ohne geistiges Training passiert das leicht, denn unsere Identität scheint für uns eng mit unserem Gedankenleben verknüpft zu sein.

Ich will niemanden dazu auffordern, die Technik des positiven Denkens anzuwenden. Persönlich bin ich nicht von der Kraft dieser Methode überzeugt, da ich sie nie als tiefergehend erlebt habe.

Sollten wir versuchen, überhaupt nicht zu denken? Viel Glück! Das ist im Prinzip physisch unmöglich, möchte ich behaupten. Versuch mal, nicht an einen rosa Elefanten zu denken. Das Wort »nicht« versteht unser Gehirn nicht. Lernen, einen Gedanken loszulassen, *das* kann hingegen unendlich hilfreich sein.

Und wie lässt du eine Serie von Gedanken los, von denen du dich befreien willst? Na, du richtest deine Aufmerksamkeit auf etwas anderes! Die Gedanken leben einzig und allein von deiner Aufmerksamkeit!

Stell dir zunächst eine zur Faust geballte Hand vor und dann, wie die Finger loslassen – und so eine geöffnete Hand bilden. Das zeigt anschaulich, wie wir den Griff um Dinge und Gedanken lockern und sie ziehen lassen können. Diese einfache Geste, nämlich für einen Moment das loszulassen, woran wir denken, ist sehr tiefgreifend. Wenn wir unsere Aufmerksamkeit absichtlich und bewusst auf etwas weniger Kompliziertes richten, etwa auf ein körperliches Geschehen wie das Atmen, kann uns das eine wohltuende und belebende Pause vom inneren Chaos bescheren.

Vielleicht kann das auch für dich hilfreich sein. Wenn du es mal versuchst?

Stell dir beim Einatmen vor, dass etwas in deinem Körper *aufsteigt. Ein bisschen so, als wäre dein Oberkörper eine aufrecht stehende Flasche, gefüllt mit Wasser. Wenn du ausatmest, sinkt der Wasserspiegel ab, er wird ganz niedrig, und wenn du einatmest, steigt er wieder vom Boden nach oben auf. Stell dir vor, das Einatmen beginnt unten in der Hüfte oder noch weiter unten: am Fußboden. Dann steigt der Wasserspiegel an, durch den Bauch, die Brust und den Hals.*

Sieh mal, ob du die beiden Wellen eine Weile halten kannst – die fallende Welle beim Ausatmen und die ansteigende Welle beim Einatmen. Wenn du etwas korrigierst, dann mach das freundlich und liebevoll, so als würdest du den Körper fragen: »Wie fällt dir das Atmen am leichtesten? Kannst du besser einatmen, wenn ich die Brust etwas öffne? Die Schultern etwas senke?« Entdecke den Teil von dir, der deine Atempraxis gut genug findet. Der sie sogar als schön empfindet.

Du widmest dich in diesem Moment ausschließlich deiner Atmung. Von allem anderen hast du frei. Der Frontallappen hat Urlaub. Gerade musst du keine Verantwortung übernehmen. Gerade gibt es nichts, was du zum Ausdruck bringen musst, du brauchst keine Meinung zu vertreten, musst dich an nichts erinnern. Einzig und allein dem Atmen solltest du dich widmen. Bleib dabei, solange du willst.

Wie oft schenkst du dir selbst eine solche innere Aufmerksamkeit? Tu es, sooft du kannst.

Nicht, weil dir das etwas bringt. Nicht, weil du innere Ruhe und Entspannung finden möchtest. Nicht, um ein inneres Feuerwerk zu erleben. Nicht, um ein spirituellerer Mensch zu werden. Sondern nur, weil die Atmung es verdient hat.

Denk an all die Beispiele in der Sprache, die mit dem Atmen zu tun haben, zum Beispiel: vor Schreck den Atem anhalten, jemanden in Atem halten – nicht zur Ruhe kommen lassen –, einen kurzen beziehungsweise langen Atem haben, Atem schöpfen, nach Atem ringen, außer Atem geraten, zu Atem kommen, ohne Atemholen, jemandem den Atem verschlagen.

Willst du die Verbindung zu deiner Vitalität fördern, solltest du es dir zur Gewohnheit machen, deinen Atem zu spüren.

Der thailändische Mönch Ajahn Chah, ein Meister der Tradition, der ich angehörte, soll einmal gesagt haben: »Es gibt Menschen, die ihr Leben lang kein einziges Mal einen richtigen Atemzug erlebt haben. Wie traurig.«

Uns bewusst auszusuchen, wo wir unsere Aufmerksamkeit verweilen lassen, mag wie eine einfache Übung klingen. Aber ich bin der Erste, der unterschreibt, wie unerhört schwer das sein kann. Wenn wir anfangen, uns in die Atmung zu vertiefen, landen die meisten von uns in einer Art mentalem Jo-Jo. Ein paar Atemzüge lang bleiben wir dabei, dann entwischt die Aufmerksamkeit und richtet sich auf etwas Belangloses, sodass wir sie geduldig zurückholen müssen. Immer wieder und wieder. Fast unermüdlich schweifen unsere Gedanken in völlig unerwartete Richtungen ab. Aber früher oder später bemerken wir es. Wir können dann nichts weiter tun, als zur Kenntnis zu nehmen, dass es wieder passiert ist, und – ohne uns zu kritisieren – den Gedanken loslassen, um unsere Aufmerksamkeit erneut gesammelt auf den Ausgangspunkt zu richten, den Atem.

Das kann uns schnell ermüden. Aber es lohnt sich durchzuhalten. Denn selbst wenn das im Leben eines Menschen nur eine scheinbar unbedeutende, wenig glamouröse Praxis sein mag, so ist es in der menschlichen Bewusstseinsentwicklung ein essenzieller und unschätzbarer Schritt.

Den Wert von Stille und das Sich-nach-innen-Wenden betonen alle Religionen seit unvordenklichen Zeiten. Dabei geht es nicht nur um den Buddhismus, um Meditation oder verschiedene Gebetsrituale, sondern um unsere menschliche Existenz generell.

Wir alle haben die Fähigkeit, Gedanken loszulassen, zu entscheiden, *worauf* wir unsere Aufmerksamkeit richten und *wie lange* wir sie zum Beispiel bei etwas verweilen lassen, was uns nicht guttut. Das gilt auch für dich. Manchmal müssen wir nur ein bisschen üben. Denn wenn wir diese Fähigkeit ignorieren oder uns nicht mehr dafür interessieren, dann sind wir vollständig automatischen Verhaltensmustern und vorgeprägten Vorstellungen ausgeliefert. Sie haben uns förmlich an der Leine, sodass wir immer wieder dieselben Runden drehen. Das ist weder Freiheit noch ein würdevolles Leben.

Ist das hier leicht?

Nein!

Lohnt es sich, es trotzdem zu tun, eben so gut wir können, in unserem eigenen Rhythmus?

Absolut!

Die Brüder Karamasow

Beim Chef anzuklopfen und ihm zu sagen »Aus den Plänen wird nichts. Ich kündige!«, fiel mir nicht leicht. Das galt auch für das Gespräch mit meinen Eltern: »Ja, also, ich habe gekündigt. Nein, einen Plan B habe ich nicht.«

Einen Monat nach der Kündigung war ich zurück in Göteborg. Ich bezog eine schlichte Einzimmerwohnung im Stadtteil Majorna und nahm im Restaurant Långedrag Värdshus einen Job als Tellerwäscher an. Ich weiß noch, wie ich eines Tages beim Spülen hörte, dass das Personal eintrudelte. Die Kollegen plauderten miteinander und einer fragte: »Äh, spricht der neue Tellerwäscher eigentlich Schwedisch?« Mein Stolz rief schnippisch: »*Noch vor Kurzem war ich echt wichtig!*«

Kurze Zeit später begann ich, Literaturwissenschaft zu studieren. Eines Morgens in der Straßenbahn sah ich eine Anzeige einer neu gegründeten Telefonseelsorge. Etwas in mir fühlte sich angesprochen, und ich bewarb mich um ein Volontariat. An einem halben Dutzend Sonntagen wurde ich ausgebildet, und danach saß ich jeden Donnerstagabend vier Stunden am Telefon. Natürlich versuchte ich es anfangs mit schlauen Ratschlägen. Aber allmählich lernte ich, einfach still zu sein und mit offenem Herzen zuzuhören.

Bei diesen Schichten lernte ich zum ersten Mal die Schattenseite meiner Heimatstadt kennen. Randexistenzen. Einsamkeit. Verzweiflung. Hilflosigkeit. Oft trat ich meinen Dienst nur widerstrebend an. Aber anschließend fühlte ich mich jedes Mal ein paar Zentimeter größer, waren Herz und Geist erfüllt. Genauso oft wie die Menschen über ihr Leben weinten, weinten sie auch aus Dankbarkeit, dass ihnen endlich jemand zuhörte. Für manche war es Jahrzehnte her, seit ihnen jemand so viel Aufmerksamkeit geschenkt hatte. Ich wurde an etwas Wichtiges erinnert: Für andere da zu sein, gibt einem unglaublich viel zurück.

Nach einem Jahr Literaturstudium setzte ich meine Suche in der Welt fort. Eines Tages reiste ich als Ökonom für das Welternährungsprogramm der Vereinten Nationen nach Indien. Es war der Klassiker: Junger, idealistischer Mensch aus dem Westen fährt mit leuchtenden Augen nach Indien, um zu helfen. Ergebnis: Indien hilft dem jungen, idealistischen Menschen aus dem Westen mit den leuchtenden Augen weitaus mehr. Im Laufe dieses Jahres war ich in Südostasien viel mit dem Rucksack unterwegs, unter anderem wanderte ich drei Wochen lang im Himalaya. Das war großartig. Von Jugend an galt meine Liebe dem Gebirge, es war immer meine bevorzugte Gegend, mein Element. Inmitten hoher Berge war ich fast automatisch glücklich. Du kannst dir sicher vorstellen, wie gut es mir ging, als ich Tag für Tag ausgiebige Touren durch dieses Gebirge unternahm.

Vermutlich kennen alle, die einmal mit dem Rucksack gewandert sind, das Gefühl, das sich nach einer Weile einstellt. Das Leben wird in gewisser Weise mit jedem Tag einfacher. Am Ende dreht sich alles nur noch um das Wetter, den Körper, um Essen, Trinken und Ausruhen. Ich erinnere mich, dass ich morgens mit dem Rucksack und dem Gefühl aufbrach, ich könnte ewig lange gehen – *es war das Einzige, was ich tun wollte.* Ich fühlte mich unbezwingbar.

Jedoch hatte ich den vermutlich unintelligentesten Gegenstand aller Zeiten im Gepäck dabei. Höchstwahrscheinlich war ich in jenem Jahr der einzige Wanderer, der etwas so Prätentiöses wie eine schwere gebundene Ausgabe von Dostojewskis *Die Brüder Karamasow* mit sich herumschleppte. Ein Ziegelstein! Natürlich war ich abends außerdem viel zu müde, um darin zu lesen.

Nachdem ich knapp einen Monat lang gewandert war, kam ich zurück nach Kathmandu, die Hauptstadt Nepals, wo sich viele Rucksackreisende versammelten. Wochenlang hatte ich immer das Gleiche gegessen – Linsenbrei mit Reis, drei Mal am Tag. In dem Lokal, wo es die besten Croissants von Kathmandu geben sollte, bestellte ich enthusiastisch ein luxuriöses Frühstück. Eine sehr hübsche, aufgeweckte Medizinstudentin aus Kapstadt setzte sich an meinen Tisch.

Sie sagte, sie heiße Hailey.

Mein Leben lang habe ich unter dem Komplex gelitten, schlecht im Flirten zu sein. An dem Tag, als Gott das große Flirthandbuch austeilte, habe ich wohl verschlafen. Aber irgendetwas muss ich bei dem Frühstück richtig gemacht haben. Es dauerte vier Stunden, und ziemlich schnell war ich mir sicher, dass ich mich in diese lebhafte und etwas chaotische Frau verliebt hatte. Dieses Mal wurden meine Gefühle sogar erwidert! Einige Tage später reisten wir zusammen nach Thailand und erlebten dort einige Wochen lang die perfekte filmreife Strandromanze.

Ich glaube, bereits nach den ersten beiden traumhaften Wochen begann ich zu befürchten, dass ich mehr für sie empfand als sie für mich. Von da war es nicht mehr weit bis zur nächsten Sorge: »Vielleicht wird sie mich verlassen?«

Das Misstrauen ließ mich engstirnig werden. Dann ging es schnell. Vermutlich wurde ein Mechanismus ausgelöst, der dazu führte, dass sich in meinem Gefühlszentrum etwas verschloss. Und hat man erst einmal angefangen, gefühlsmäßig dichtzumachen, dann geht auch alles Spielerische, Leichte, Humorvolle und Spontane verloren. Man wird oft verschlossen und verkrampft. Genauso ging es mir. Außerdem redete ich mir ein, dass ich eigentlich keinen Grund hatte, zugeknöpft und unflexibel zu sein, woraufhin ich nur noch einsilbiger und verkrampfter wurde. Als Hailey am Ende – sehr freundlich und wohlwollend – meine Befürchtungen bestätigte und tatsächlich Schluss machte, konnte ich lediglich erwidern: »Weißt du was, wenn ich mit jemandem wie mir zusammen wäre, dann würde ich auch Schluss machen.«

Ich war im Laufe meines Lebens schon mehrfach verlassen worden, aber so weh hatte es früher nicht getan. Inzwischen weiß ich längst, dass nicht nur ich es als ganz besonders schmerzhaft empfinde, auf diese Weise zurückgewiesen zu werden. Viele Menschen leiden sehr darunter, sind zutiefst verletzt. Im Übrigen hatte ich schon immer etwas Theatralisches.

Da saß ich also nun an einem Strand in Thailand, einsam und mit gebrochenem Herzen. Ich wohnte in einem typischen Backpacker-Hostel unter lauter unbekümmerten, schönen, sonnengebräunten, abenteuerlustigen, extravertierten jungen Menschen.

Ein paar Tage lang zog ich mich hinter den Dostojewski-Wälzer zurück und gab mir Mühe, tiefsinnig zu wirken. Das funktionierte nicht lange, denn bald war klar, dass ich einfach verzweifelt war.

Ich hatte keine Ahnung, was ich tun sollte. Ich hatte überhaupt keinen Plan. Aber ich musste immerzu denken: »*Ist das nicht irgendwie komisch? Ich bin insgesamt sechzehn Jahre zur Schule und zur Uni gegangen, und ich kann mich nicht daran erinnern, je etwas darüber gelernt zu haben, was man tut, wenn das Leben schwierig wird.*«

Wir alle brauchen zwischendurch eine Art Führung. Ich kann mir keinen Menschen vorstellen, dem es nicht irgendwann einmal schlecht geht. Denn Phasen, in denen wir uns vollkommen einsam fühlen, hilflos, missverstanden, schlecht behandelt, ohne Unterstützung, die kennen wir alle. Aber wir sollten auf etwas zurückgreifen können, woran wir uns halten können, wenn mal ein Sturm aufzieht. Das kann etwas in unserem Umfeld oder auch etwas in unserem Inneren sein – am besten sowohl als auch.

Was dann in Thailand folgte, klingt wie ein absolutes Klischee: Junger Mann mit gebrochenem Herzen geht ins Kloster. Aber genau so war es. Religion hatte mich eigentlich nie interessiert. Nur war mir quälend bewusst geworden, dass ich komplett hilflos war, wenn mich die Gefühle auf diese Weise umwarfen. Ich musste etwas tun, es war an der Zeit, um Hilfe zu bitten. Bei Buddha anzufangen, schien mir eine gute Idee zu sein.

Klosterpremiere

Ich hatte die Adresse eines Klosters im nördlichen Thailand bekommen, das einmonatige Meditationskurse auf Englisch anbot. Zwar hatte ich bereits zu meditieren versucht, dennoch hatte ich nur eine vage Vorstellung davon, worum es bei der Meditation eigentlich geht. Auf meiner Reise hatte ich hin und wieder Mönche beobachtet. Sie wirkten recht entspannt und zufrieden, wenn sie im Morgengrauen murmelnd mit ihren Schalen unterwegs waren, in die ihnen die Menschen Essen füllten. Außerdem hatten die Thailänder an sich etwas, das mich faszinierte. Offenbar fühlten sie sich in ihrer Haut wohl. Sie schienen sich ihrer selbst sicher zu sein und auf eine Weise in sich zu ruhen, wie ich das in der westlichen Welt selten gesehen hatte.

Von Jugend an kannte ich eine innere Stimme, die mir gelegentlich zuflüsterte, ich sei nicht gut genug. Wenn ich etwas Ungeschicktes oder Unbedachtes getan hatte, wenn mir etwas misslungen war oder ich etwas falsch aufgefasst hatte, konnte die Stimme sehr laut werden. Aber wenn ich etwas gut gemacht hatte, schwieg die Stimme. Zum Glück begriff ich relativ früh, dass ich mit dem Problem nicht allein stand, sondern dass in der westlichen Welt viele mit solch einer permanent murmelnden, kritischen inneren Stimme leben.

Gehört das zu unserem kulturellen Erbe? Selbst bei kleinen Fehlern, bei irgendeinem unbedeutenden Missgeschick reagiert die Stimme kleinlich und penetrant. Oft leben wir mit dem Gefühl, dass wir nicht genügen, haben Angst, »ertappt«, »entlarvt« zu werden. Und wenn Menschen uns mögen, zweifeln wir dennoch: »Wenn die wüssten, wie ich *eigentlich* bin …« Um auf der sicheren Seite zu sein, spielen wir anderen etwas vor. Was sich natürlich wiederum darauf auswirkt, wie wir auf unsere Mitmenschen zugehen. Ganz anders war es bei meinen Begegnungen mit Thailändern. Im Kontrast wurde mir das besonders deutlich.

Ich hatte immer den Eindruck, als würden sie sich selbst vorbehaltloser mögen. Selten habe ich einen Menschen aus dem Westen getroffen, der so glaubhaft die Sicherheit ausstrahlt, dass die Welt ihn genau so annimmt und willkommen heißt, wie er ist. Thailänder schienen mir beim Betreten eines Raums wie selbstverständlich zu vermitteln: »*Hallo, hier bin ich. Wunderbar, nicht wahr? Bestimmt wird alles ein bisschen besser, wenn ich dabei bin. Ihr findet es alle doch super, dass ich hier bin? Und ganz sicher mögt ihr mich.*« Die Beschreibung mag überspitzt sein und ist nicht ganz ernst gemeint, aber im Kern entspricht sie meinem Eindruck. Und mir gefiel das sehr.

Mit völlig unrealistischen Erwartungen, was Meditation bieten kann, kam ich zu dem mir empfohlenen Kloster. Das Stadtkloster außerhalb von Chiang Mai lag nahe dem Flugplatz, es war klein und chaotisch, laut und trubelig. Überall liefen Hunde voller Flöhe herum und fraßen die stark gewürzten Essensreste, die ihnen die Mönche überließen. Aus irgendeinem Grund schien man im Kloster eine Art Folkmusik-Festival zu mögen, denn direkt davor tönte laute elektronische Musik und junge Menschen tanzten auf einer Bühne, während wir meditieren sollten.

Mir kam es so vor, als würden die Mönche dieses Klosters hauptsächlich tratschen und rauchen. Im Gegenzug waren wir aus dem Westen diejenigen, die meditierten und *sehr* ernst bei der Sache waren.

Meine Gedanken während der Meditation am zweiten Tag des Kurses könnte ich wenig übertrieben so zusammenfassen:

Okay, jetzt geht's los. Fünfundvierzig Minuten ununterbrochener Präsenz. Der Atem ist der Weg vorwärts. Ich habe vor, hier meine Verzweiflung hinter mir zu lassen und als neuer Mann in die Welt zu treten. Vielleicht kann ich sogar Haileys Herz zurückgewinnen? Einatmen, ausatmen. Was mag es heute wohl zu essen geben? Das Essen von gestern würden wir zu Hause nicht mal den Hunden geben. Dabei biegen sich doch ringsum die Bäume vor lauter reifen exotischen Früchten … Okay. Fokussieren. Einatmen, ausatmen. Also der Kaffee hier. Der hat den Namen nicht verdient. Soweit ich es beurteilen kann, halten wir, die westlichen Backpacker, den Ort finanziell über Wasser. Wir füllen die Spendenschubladen. Und Nescafé finden wir nicht okay! Wenn sie in eine gute italienische Kaffeemaschine investieren würden, hätte sich das schnell amortisiert. Cortado, Cappuccino … Was ist passiert? Ich sollte doch meditieren, einen höheren Zustand erreichen. Stattdessen hat jemand meine Aufmerksamkeit auf beunruhigende und intensive Weise gekapert. Als ich den

Job bekam, das Klostermenü aufzumotzen? Zum Glück haben's die anderen nicht gehört. Wo ich so seriös bin. Reiß dich zusammen! Konzentrier dich auf die Atmung! Spür den Körper! Der Buddha war groß im Loslassen. Es geht weiter. Einatmen, ausatmen … Wie langweilig ist das denn? Passiert nicht mal was? Das kann's doch nicht sein! Wann kommt der kosmische Orgasmus? Wann beginnt das innere Feuerwerk? Ich bin so bereit!

Hast du es schon mal mit Meditation versucht? Dann kannst du dich in der Beschreibung sicherlich wiederfinden. Man hält sich für einen durchaus akzeptablen, rational denkenden, nüchternen Menschen. Und dann muss man stattdessen feststellen, dass einem die meiste Zeit irgendein Blödsinn als rasender Gedankenzirkus die Aufmerksamkeit stiehlt. Viele von uns, die mit dem Meditieren beginnen, machen den gleichen Fehler: Wir glauben, während der Meditation müsse es im Kopf absolut still sein. Das passiert nicht! Vielleicht stellt sich für kurze Momente Ruhe ein, aber nicht länger. Nur bei Toten herrscht im Kopf absolute Stille. Wir Menschen haben einen lebendigen Verstand, und in dessen Natur liegt es, Gedanken zu produzieren, sie mit anderen zu vergleichen, sie zu formulieren und erneut zu überdenken.

Klar, wir können uns wundern oder entsetzt sein über all die wahnsinnigen, unzensierten Gedanken, die in unserem Kopf Platz haben. Wir sind heilfroh, dass die anderen keine Gedanken lesen können. Das gilt übrigens für alle und jeden, falls dir das ein Trost ist. Es ist natürlich und überhaupt nicht seltsam. Wichtig ist, Folgendes zu begreifen: Es sind nur Gedanken – keine Wahrheiten. Den inneren Gedankenzirkus zu beobachten, kann wertvoll sein, denn unter Umständen kann es uns helfen, uns von den Gedanken zu distanzieren. Wir können sie etwas weniger ernst nehmen, können uns unserer lebhaften Gedankenwelt gegenüber etwas nüchterner verhalten: »*Aha, da kommt dieser eigenartige Gedanke. Ah ja. Den lasse ich weiterziehen.*«

Menschen, die angefangen haben, sich mit ihrem Inneren zu beschäftigen, haben so gut wie alle den Tumult im Kopf entdeckt und nach und nach Abstand zu sich und ihren Gedanken gefunden. Unter anderem deshalb bin ich gern mit solchen Menschen zusammen. Sie verlieren unweigerlich alles Prätentiöse, Ambitionierte. Mit Leuten zu tun zu haben, die sich und ihre Überzeugungen nicht die ganze Zeit so schrecklich wichtig nehmen, ist anregend und wohltuend. Gemeinsam können wir feststellen: *Ich bin nicht richtig konzentriert. Du bist nicht richtig konzentriert. Ich bin nicht ordentlich strukturiert. Du bist nicht ordentlich strukturiert. Ich denke unwillkürlich dauernd an verrückte Sachen. Das tust du auch. Auf manches reagiere ich übermäßig emotional. So wie du.*

Sobald man sein Gedankenleben mit Abstand betrachtet und feststellt, dass es anderen genauso geht, wird es automatisch leichter, auf das zu achten, was uns Menschen gemeinsam ist, statt darauf, was uns trennt. Ungeachtet dessen, wer wir sind, woher wir kommen, ungeachtet unserer persönlichen Geschichte, zeigt sich, dass wir in unserer Gedankenwelt sehr viel gemeinsam haben. Wenn wir das erkennen und es uns bewusst machen, fällt es uns gleich viel leichter, nicht mehr so zu tun, als hätten wir den Überblick. Es wird leichter, uns gegenseitig zu helfen, etwas miteinander zu teilen, uns wahrhaftig zu begegnen. Statt rivalisierender Beziehungen können wir unterstützende Beziehungen eingehen. Wir können uns darüber freuen, kein einsamer Satellit zu sein. Ohne Angst zu versagen, können wir voneinander lernen und das im anderen sehen, was gut ist. Und zwar ohne uns gleich ins Ohr zu flüstern, dass wir nicht genauso gut sind.

Glaub nicht alles, was du denkst

Der Meditationskurs sollte einen Monat dauern, aber nach vier Tagen floh ich aus dem Kloster. Dabei war Aufgeben nie meine Art gewesen. So hatte ich zum Beispiel die drei Jahre auf der Handelshochschule absolviert, ohne an einem der Fächer wirklich interessiert zu sein. Oder 1987, da war ich den Sevilla-Marathon bei 35 Grad Hitze gelaufen, nach nur neun Trainingseinheiten. Ich trug ein dickes Baumwollshirt, was mir meine Brustwarzen nie richtig verziehen haben. Aber nun gab ich tatsächlich auf.

Am Abend des vierten Tages saß ich mit einer Flasche Wein in der Stadt Chiang Mai und fragte mich, was eigentlich passiert war. Was war so schwer gewesen?

Auf einer Holzpritsche zu schlafen, war okay. Die ganze Zeit zu schweigen, konnte ich aushalten. Irre früh aufzustehen, war okay. Selten zu essen und das auch noch schlecht, das war ebenfalls zu bewältigen. Aber fast ohne irgendwelche Ablenkungen den ganzen Tag meinen plappernden, schwatzenden, kritisierenden, kommentierenden, vergleichenden, zensierenden, klagenden Gedanken ausgeliefert zu sein, *das* war unerträglich. Ich wollte mein Inneres zur Ruhe bringen, doch es reagierte mit einem reißenden Strom aus Angriffen und Selbstzweifeln.

Aber etwas war in mir geweckt worden. So konnte es nicht weitergehen. Das wollte ich nicht. Wenn man es mit sich selbst nicht aushält, dann hat man ein Problem. Und so traf ich noch am gleichen Abend in Chiang Mai eine Art Übereinkunft mit mir selbst: *Von nun an wollte ich jemand werden, der es leichter in seiner eigenen Gesellschaft aushielt. Das sollte in Zukunft eine meiner Maximen sein. Jemand, der sich in seiner Haut wohlfühlte. Den die eigenen Gedanken nicht permanent vereinnahmten. Der sich eines Tages vielleicht sogar selbst ein guter Freund sein konnte.*

Damit hatte ich wenigstens einen Vorsatz für die Zukunft und fühlte mich nicht länger nur als Opfer äußerer und innerer Umstände. Wenn mich Trauer, Unruhe oder Einsamkeit packte, wollte ich mich dafür entscheiden können, bewusst zu atmen, meine Aufmerksamkeit ruhig auf den Körper zu richten und nicht sofort allen Gedanken zu glauben, die mein Geist mir präsentierte. Das herauszufinden, war mir immerhin gelungen.

Das war das erste Geschenk Buddhas.

Einige Zeit ging ins Land. Aber dann begab ich mich tatsächlich wieder in das chaotische kleine Kloster, nahm an dem vierwöchigen Kurs teil und hielt bis zum Ende durch. Das war mit das Schwerste, was ich je getan hatte. Drei Mal wollte ich zwischendrin aufgeben. Aber Thanat, mein freundlicher chinesischer Lehrer, lächelte jedes Mal milde, gab mir warme Sojamilch in einer Plastiktüte und sagte: »Schlaf erst einmal darüber. Du bist extra von so weit hergekommen. Vielleicht fühlt es sich morgen früh anders an.« Das tat es jedes Mal.

Und allmählich verstand ich, warum Buddha so viel über die Vergänglichkeit von allem sprach. Nichts währt für immer. Auch mühselige Zeiten nicht.

Das war Buddhas zweites Geschenk.

Zurück in Schweden, behielt ich das Meditieren bei, morgens und abends. Mir war, als hätte ich endlich einen Schlüssel zu meinem Inneren gefunden. Ich konnte deutlicher spüren, was mit mir los war. Sobald es mir gelang, dem zu begegnen, was sich innerlich schwierig anfühlte, verschwand oft ein Teil meines Widerstands.

Wenn wir versuchen, unsere Aufmerksamkeit zu lenken und selbst zu entscheiden, worauf wir sie richten, ist dies das Beste und vielleicht auch das Einzige, was wir tun können, sobald es richtig schwer wird.

Das war Buddhas drittes Geschenk.

»Glaub nicht alles, was du denkst!« – Nur wenig hat mir in meinem Leben mehr geholfen. Leider ist diese Superkraft, die uns allen zur Verfügung steht, etwas in Vergessenheit geraten. Aber du zu sein und ich zu sein, wird zweifellos viel leichter, wenn wir dem Strom unserer eigenen Gedanken mit etwas mehr Humor und Skepsis begegnen.

Was gewinnst du, wenn du nicht unbesehen jedem Gedanken glaubst, der dir durch den Kopf schießt?

Nun – du erhältst etwas sehr Kostbares: Du bekommst einen richtig guten inneren Freund. Einen, der dir immer zur Seite steht. Wenn wir jedem unserer Gedanken Glauben schenken, sind wir in jeder Hinsicht schutz- und wehrlos. Wir haben keinen klaren Kopf mehr. In dunkelsten Momenten können wir unser Gleichgewicht verlieren. Die Gedanken können uns so quälen, dass sie uns buchstäblich das Leben verleiden.

Wo bleibt die eigene Würde, wo die Freiheit, wenn du allem Glauben schenkst? Vergiss nicht, dass sich fast alle unsere Gedanken automatisch einstellen. Als Geschöpfe werden wir dadurch geprägt, wie wir aufwachsen, was wir erleben, was wir in diese Welt mitbringen, wie unser Leben sich entwickelt, sowie durch unsere Kultur und durch das, was unser Umfeld direkt und indirekt an uns heranträgt.

Wir suchen uns unsere Gedanken nicht aus. Wir entscheiden nicht über ihre Inhalte. Wir können bestimmte Gedanken vielleicht mehr oder weniger ermuntern, und wir können ihnen mehr oder weniger viel Platz einräumen. Aber welche Gedanken entstehen, können wir nicht steuern. Etwas aber können wir entscheiden: ob wir ihnen glauben oder nicht.

Mutter, ich werde Waldmönch

Wie die meisten Menschen aus dem Westen, die zum Buddhismus gefunden hatten, verschlang ich jede Menge Bücher darüber. Eines davon hieß *Seeing the Way*. Darin wird ein Kloster im nordöstlichen Thailand beschrieben, in dem Waldmönche aus der ganzen Welt zusammenleben. Nach der Lektüre wuchs wie ein Samenkorn ein Gedanke in mir: »Wie wäre es, wenn ich Waldmönch in Thailand werden würde?« Jede Seite, die ich in weiteren Büchern las, schien den Samen mit einem Tropfen Wasser zu versorgen. So entwickelte er sich, und scheinbar urplötzlich – ich saß gerade mit meiner Mutter am Küchentisch – war eine kleine Pflanze herangewachsen:

»Mutter, ich glaube, ich werde Waldmönch.«

»Ach ja? Bist du schon mal einem Waldmönch begegnet?«

»Nein. Aber ich habe in einem Buch von ihnen gelesen.«

»Bist du schon mal in einem Waldkloster gewesen?«

»Nein.«

»Björn, bist du dir ganz sicher?«

»Ja.«

Da war sie wieder, die Klarheit der leise auftretenden Intuition, neben dem Gefühl, ganz eigenständig eine Entscheidung getroffen zu haben. Meine Entschlossenheit überraschte uns beide, Mutter und mich. Genau wie beim ersten Mal in Spanien dauerte es ungefähr fünf Sekunden, dann hatte ich mich entschieden.

Wie immer standen meine Eltern hinter mir. Sie hatten sich nach und nach an meine eher exzentrische Seite gewöhnt und nahmen es einigermaßen mit Fassung, dass ich den Plan einer traditionellen Karriere aufgegeben hatte. Es war für sie in Ordnung. Sie stellten diese Entscheidung ebenso wenig infrage wie alle anderen. Mir bedeutet es sehr viel, dass meine Eltern immer zu mir gestanden und mich unterstützt haben, trotz meiner ungewöhnlichen Lebensentscheidungen.

Zu der Geschichte gehört auch, dass mein Vater beruflich einen ausgesprochen konservativen Weg gegangen war. Dass sein Sohn eine vielversprechende Karriere in einem großen Konzern aufgab, um sich stattdessen in ein thailändisches Kloster zurückzuziehen, das war für ihn schon eine Herausforderung. Aber er ging sehr gut damit um. Schon früher, als ich von einer Backpacker-Tour durch Neuseeland mit einem Ohrring zurückgekommen war, hatte er erwartungsgemäß nicht sonderlich begeistert reagiert. Und meine großgemusterten nepalesischen Landarbeiterhemden aus grober Baumwolle waren in seinen Augen höchst merkwürdige Kleidungsstücke. Die meisten Menschen sahen das vermutlich genauso. Aber wenn es darauf ankam, stand mein Vater zu mir und unterstützte mich bei meinen ungewöhnlichen Plänen.

Eines Tages kam ich nach Hause und erklärte meinen überraschten Eltern, ich hätte mich zum nächsten Schritt entschlossen. Von nun an würde ich genauso leben, wie es buddhistische Novizen täten: Bis ich Mönch wurde, würde ich die fünf Lebensregeln befolgen.

»Aha. Und welche sind das?«, fragte mein Vater skeptisch.

»Nicht töten und keinem Lebewesen schaden, weder anderen noch sich selbst. Nicht stehlen und keinen unziemlichen sexuellen Aktivitäten nachgehen. Nicht lügen und keine berauschenden Getränke zu sich nehmen«, dozierte ich.

Die letzte Regel, der Verzicht auf Alkohol, sei dann doch etwas fundamentalistisch, meinte mein Vater. Mit allem anderen, fand er, könne man leben.

Buddha betont sehr klar, dass die Beziehung zu den Eltern etwas Besonderes ist. Die Dankbarkeit den Eltern gegenüber ist wertvoll. Unabhängig davon, wie gut oder schlecht sie ihre elterlichen Aufgaben erfüllten, so gaben sie bestimmt ihr Bestes. Das ist der Ausgangspunkt. Wenn man eigene Kinder bekommt, hat man öfter das Aha-Erlebnis: wie schwer es ist! Und welch großen persönlichen Einsatz es einem abverlangt. Während der letzten Zeit zu Hause wuchs die Dankbarkeit meinen Eltern gegenüber beträchtlich.

Sie wollten wissen, ob es vor meiner endgültigen Abreise noch etwas gab, was ich gern tun würde. »Ja«, antwortete ich, »ich würde gern Urlaub in den Alpen machen wie damals, als wir Brüder noch klein waren.«

Gesagt, getan. Alle waren dabei, Vater, Mutter und wir vier Brüder – mittlerweile waren alle erwachsen.

Zu dem Zeitpunkt unterschied sich der Lebensstil innerhalb der Familie ziemlich. Vor allem betraf das den Tagesrhythmus. Ich lebte gemäß meinen neuen Gewohnheiten. Morgens um halb fünf saß ich im Wohnzimmer der kleinen Alphütte, die wir gemietet hatten, und meditierte im schwachen Schein der grünlichen Kontrolllampe des Kühlschranks. Nach einer Weile trudelten meine Brüder ein, die fast über mich fielen. Sie kamen aus der Disco. Das illustriert anschaulich, dass sich mein Leben bereits in eine andere Richtung entwickelte.

Ehe ich Waldmönch wurde, wollte ich alle meine Besitztümer verschenken. Persönlichen Besitz hatte ich nie besonders wichtig genommen und meine Beziehung zu materiellen Dingen war nie sehr ausgeprägt gewesen. Die unbändige Freude, die innerlich in mir aufstieg, als ich schließlich alles weggab, überraschte mich aber doch. Es war ein Gefühl, als hätte ich acht Tassen Espresso im Blut. Abschließend bezahlte ich noch meinen Studienkredit ab, denn wenn man ein Waldmönch werden will, darf man keine Schulden haben.

Dann war ich bereit, allerdings ohne richtig zu wissen, wofür. Aber ich verließ Schweden ohne Vorbehalte. Außerdem war ja Winter.

Natthiko – »Der an Weisheit gewinnt«

Am 28. Januar 1992 kletterte ich aus dem Tuk Tuk und schnappte mir meinen kleinen Rucksack. Zum ersten Mal ging ich durch die Klosterpforte. »*Wat Pah Nanachat* – International Forest Monastery« stand auf dem Schild. Ich lief unter dem Dach hoher Baumkronen entlang und erreichte schnell die Meditationshalle. Es duftete nach Tigerbalsam und chinesischem Räucherwerk. Gut zwanzig Mönche aus der ganzen Welt saßen still auf einem niedrigen Podium und aßen aus ihren Almosenschalen.

Ich aß in der Küche mit den alten Frauen aus dem Ort, deren Enkel lärmend spielten. Dort saßen noch etwa zehn weitere Gäste aus dem Westen. Nach der Mahlzeit rutschte ich auf Knien zum Abt und verneigte mich, so wie man es mir aufgetragen hatte. Ajahn Passano, der Sohn eines Holzfällers aus dem kanadischen Manitoba, strahlte mich herzlich an, als ich ihm mein Anliegen vortrug: »Ich habe alles hinter mir gelassen und möchte Waldmönch werden.«

»Du kannst im Schlafsaal der anderen männlichen Gäste einziehen. Bleibst du länger als drei Tage, darfst du dir die Haare abrasieren.«

Damals kam mir der Empfang recht kurz und knapp vor. Sehr viel später begriff ich den Grund. Der Abt sah sehr viele Menschen kommen. Wenn die Realität nicht ihren Erwartungen entsprach, verließen viele von ihnen nach kurzer Zeit das Kloster wieder. Ich war nach drei Tagen noch ebenso überzeugt wie am Anfang, deshalb fiel es mir leicht, meine Haare abzurasieren. Mit dieser Geste zeigt man seine Bereitschaft zu verzichten und signalisiert, dass man es ernst meint. Außerdem reguliert die Rasur auf natürliche Weise die Zeit des Besuchs. Das Kloster ist in erster Linie die Heimat von Mönchen und Nonnen und keine Jugendherberge für Rucksackreisende, wo man gratis übernachten kann. Ich nahm die Rasur zusammen mit einem Mann aus Neuseeland vor. Wir waren gleichzeitig angekommen und mit der Zeit wurde er ein guter Freund. Wir fotografierten uns gegenseitig beim Rasieren und lachten über die lustigen Frisuren, die im Laufe der Rasur von den relativ langen Haaren bis zur Glatze entstanden.

Nach einigen Wochen wurde ich im Rahmen einer kleinen Zeremonie zum sogenannten Postulanten, einer Art Mönch auf Probe mit weißer Kutte, befördert. Als Postulant darf man weiterhin die meisten Dinge tun, wie zum Beispiel Auto fahren oder mit Geld umgehen. Aber man wird schon immer mehr in das richtige Klosterleben eingeweiht. Nach drei weiteren Monaten wurde ich Novize und erhielt meinen Mönchsnamen.

Unser damaliger Abt und Lehrer, Ajahn Passano, war in meinen Augen unglaublich. Ich hatte sofort volles Vertrauen zu ihm und habe mich in all der Zeit niemals veranlasst gesehen, dieses Vertrauen infrage zu stellen. Bei der Namensvergabe ist es üblich, ein Buch zurate zu ziehen, das es in allen thailändischen Klöstern gibt und das zeigt, welchen Namen man eventuell bekommen kann, abhängig von dem Wochentag, an dem man geboren ist. Es gilt, einen unter Hunderten auszuwählen. Zu entscheiden, welcher Name am besten passt, ist Sache des Lehrers. Ajahn Passano schlug für mich den Namen *Natthiko* vor. Das bedeutet: »Der an Weisheit gewinnt.« Ob ich damit einverstanden sei, fragte er mich. Das bin ich bis heute.

Der Mönchsname, den man erhält, soll einen an das neue Leben erinnern, das »hauslose« Leben. Ob die Bedeutung des Mönchsnamens ein Persönlichkeitsmerkmal des jeweiligen Menschen stärken soll oder ob er ihn ermuntern soll, etwas Bestimmtes zu entwickeln, das wird nicht ausgesprochen. Es kann auch variieren. Zum Beispiel war unter uns ein Mönch, der, gelinde gesagt, chaotisch war. Seine Sprache war derb und er fluchte viel. Das passt eigentlich nicht zum Klosterleben. Sein Mönchsname war »Der Wortgewandte«. Der Lehrer war offenkundig der Meinung gewesen, der Novize brauche in diesem Punkt ein wenig Ermunterung.

Als Novize sieht man aus wie die anderen Mönche, denn man trägt bereits die gleiche Kutte, die in unserem Fall ockerfarben war. Aber man muss zunächst nur etwas einfachere Regeln befolgen. Erst nach etwa einem Jahr als Novize hat man, wenn sich alle einig sind, die Möglichkeit, ein »richtiger« Mönch zu werden. Dann beschließt man, gemäß den strengen Regeln zu leben. Je nachdem, welcher buddhistischen Richtung man angehört, können sich die Traditionen unterscheiden. Im Theravāda-Buddhismus befolgen ordinierte Mönche 227 Regeln und Nonnen 311.

Im besten Fall lernt man, die Regeln auswendig zu rezitieren. So gewinnt man einen gewissen Status. Bei den thailändischen Mönchen unterzogen sich der Aufgabe vielleicht zehn Prozent. Bei uns Mönchen aus dem Westen war es in etwa ein Drittel. Es erfordert enorm viel Training. Die Regeln sind in der Schriftsprache Pali verfasst, und außerdem muss man lernen, sie ausgesprochen schnell herunterzuleiern. Bei uns war es Brauch, dass jede zweite Woche einer von uns die Regeln laut für die ganze Gruppe vortrug. War man richtig schnell, dauerte die Rezitation circa fünfzig Minuten. Trug man die Regeln langsamer vor, war man nicht so beliebt, weil das Zuhören für die anderen so öde war. Letzten Endes habe ich es gelernt, aber das gehört zum Schwersten, was ich je in meinem Leben gemacht habe. Ich übertreibe nicht, wenn ich sage, dass ich tausend Stunden brauchte, um es mir beizubringen.

Es gibt vier besondere Regeln. Bricht man eine von ihnen, ist man auf der Stelle kein Mönch oder keine Nonne mehr. Alle wissen es, und keiner muss einen anderen darauf hinweisen, dass er sich falsch verhalten hat. Eine der vier Regeln betrifft Diebstahl, eine zweite den Beischlaf, eine dritte verbietet, den Tod eines anderen Menschen zu verursachen, und die vierte, bewusst zu lügen, nämlich zu behaupten, man habe ein besonderes Niveau spiritueller Entwicklung erreicht.

Die häufigsten Fragen an mich, seit ich nach Hause gekommen bin, betreffen die sexuelle Enthaltsamkeit, einschließlich der Onanie. Ob das auch für die Ejakulation im Schlaf gelte, fragten sich viele Männer. Solche unbewussten körperlichen Reaktionen zählen nicht dazu. Die Thailänder sind generell sehr nachsichtig, was körperliche Unzulänglichkeiten betrifft. Kleinere Verstöße in dieser Hinsicht verursachen vor allem eine gewisse Verlegenheit und ein bisschen Gekicher, aber keine große Verschämtheit. So etwas gilt als höchst menschlich. Der Beischlaf jedoch ist undenkbar. Ich persönlich glaube nicht, dass ein sexuell enthaltsames Leben für die spirituelle Entwicklung wichtig ist, aber das war eben ein Teil der Abmachung. Bei vielen Regeln könnte man anderer Meinung sein. Wenn man sich allerdings entscheidet, einer solchen Gemeinschaft beizutreten, dann muss man das eben in Kauf nehmen.

Seit der Zeit Buddhas ist es üblich, sich alle zwei Wochen zu versammeln, bei Vollmond und bei Neumond. Es handelt sich um kleine feierliche Zeremonien. Alle rasieren sich die Köpfe, schmücken die Meditationshalle noch ein bisschen mehr mit Lotosblumen und verbrennen Räucherwerk. Auch die langen Rezitationen der Regeln finden zu diesen Anlässen statt. Vor Beginn kommt man zu zweit zusammen, kniet sich gegenüber und gesteht, ob man gemogelt oder sich bei manchen Mönchsregeln vielleicht in der Grauzone bewegt hat. Hat man zum Beispiel eine Mücke getötet, obwohl man das nicht sollte, wäre nun die Gelegenheit, das zu berichten. Hat man allerdings gegen die ernsteren Regeln verstoßen, dann muss man das später vor der ganzen Gruppe ansprechen.

Laut Buddha gibt es zwei Wege zu einem reinen Herzen: Entweder hat man keine Fehler gemacht oder man gesteht, was man getan hat. Das ist ähnlich einer Beichte. Hatte einer von uns sich zum Beispiel nicht auf eine der Tradition entsprechende Weise keusch verhalten, dann musste er das vor der gesamten Gruppe berichten. Oft traten jedes Mal dieselben Personen mit Geständnissen vor, knieten dieselben Mönche verschämt im Mondlicht vor der Gruppe und murmelten etwas wie: »*Es könnte sein, dass es vielleicht vorgekommen ist, dass ich …*«

So etwas war schon auch komisch. Aber sich im Scheitern der anderen wiederzuerkennen, trug zum Gefühl einer verschworenen Gemeinschaft bei. Wir waren mit unseren Unzulänglichkeiten nicht allein. Und es laut auszusprechen, erleichterte uns auch innerlich.

Wir Mönche aus dem Westen hatten außerdem sogenannte *Heart Meetings* ins Leben gerufen, wo wir uns regelmäßig über Erlebnisse und Gedanken austauschten. Unserem Empfinden nach war es eine positive Ergänzung zum buddhistischen Lebensstil. Bei diesen Treffen benutzten wir einen Vajra, ein kleines tibetanisches buddhistisches Symbol. Wer es hielt, berichtete, was seit dem letzten Mal schwierig, anstrengend oder erfreulich gewesen war. Keiner unterbrach, kommentierte oder analysierte das Gesagte, sondern jeder Einzelne sprach freimütig und die anderen hörten offen zu. Die Thailänder machten sich ein bisschen lustig darüber. Sie fanden das Ganze etwas konstruiert und gewollt, typisch für uns aus dem Westen. Für sie war es selbstverständlich, über solche Themen zu sprechen, ohne dafür extra Treffen einzuplanen. Aber trotzdem nahmen sie an den Meetings teil, und oft war das sehr schön und stärkte unsere Gemeinschaft.

Die thailändische Waldtradition entstand ursprünglich als Reaktion darauf, dass die meisten Mönche und Nonnen nicht mehr so lebten, wie Buddha das vorgesehen hatte. Ein besonderes Kennzeichen für das Leben eines Waldmönchs ist die Konzentration auf Meditation, Einfachheit und Ethik. In unserem Waldkloster lebten wir in kleinen, verstreut im Dschungel stehenden Hütten auf hohen Pfählen. Wir schliefen auf einer einfachen Bastmatte. Wir aßen nur einmal am Tag. Wir hatten überhaupt keinen Umgang mit Geld. Wir lebten sexuell enthaltsam. Das war viel Neues, woran man sich gewöhnen musste.

Und dann war da natürlich die Meditation. Dass ich wie geschaffen war für das Mönchsein, kann man nicht sagen, schließlich war ich der vielleicht schlechteste Meditierende aller Zeiten. Länger als dreißig bis fünfundvierzig Minuten konnte ich nicht mit überkreuzten Beinen sitzen und meditieren, ohne einzuschlafen. Und es war für mich, wie gesagt, schon immer eine Herausforderung gewesen, mich nicht in das Gedankenkarussell hineinziehen zu lassen. Trotz des intensiven Trainings mit täglich vielen Stunden der Meditation brauchte ich viele, sehr viele Jahre, um das zu beherrschen. So oder ähnlich konnte es sich in meinem Inneren anhören, wenn wir uns morgens um halb vier zum Meditieren versammelten:

Okay, einen Atemzug nach dem anderen. Alles andere kann ich jetzt loslassen. Ein. Aus. Ein. Aus. Wie lange mag es wohl dauern, bis man erleuchtet wird? Buddha brauchte nur sechs Jahre dafür. Aber er hatte bestimmt verschiedene Leben mit lupenreinem Karma hinter sich. Keine Ahnung, wie mein Karma aussieht. Aber von lupenrein kann wohl keine Rede sein. Wie viele Gläser Bier mag ich wohl allein in diesem

Leben getrunken haben? Fünftausend? Zehntausend? Wenn man eine Kiste auf die andere stellen würde, wie hoch würde da der Stapel werden? Mal überlegen … Nein! Los, konzentrier dich! Jetzt geht's los. Die bewusste Achtsamkeit ist nie weiter weg als der nächste Atemzug. Geduld, Geduld. Rom wurde nicht an einem Tag erbaut. Sitze wie die Zen-Mönche in Japan. Zen, ja … Die haben Klasse. Die haben Stil. Schönere Statuen. Aufrechterer Sitz. Kalligrafie. Haiku-Dichtung. Steingärten. Ich glaube, dann und wann heben die auch mal einen … Äh nein! Was soll das denn? Schluss mit dem Spekulieren! Sei achtsam! Einatmen. Ausatmen. Ah. Da kommt die Stille. Au! Was ist passiert? Hat mir jemand mit etwas Hartem gegen die Stirn geschlagen? Ist das möglich? Ich öffne die Augen. Nur fünf Zentimeter bis zum Fußboden. Oh. Ich muss eingeschlafen und vornübergekippt sein. Bin mit der Stirn auf die Fliesen geschlagen. Peinlich. Ob das jemand gesehen hat?

Trotz aller Herausforderungen habe ich nie an meiner Entscheidung, Mönch zu werden, gezweifelt. Die innere Stimme, die mir so lange zugeflüstert hatte, »*Das Leben ist irgendwo anders*«, war endlich verstummt.

In der westlichen Welt, insbesondere in der Wirtschaft, hatte ich gelernt, dass der Intellekt Vorrang hat. Aber im Waldkloster wurde meine Vermutung, dass wir Menschen über so viel mehr verfügen, auf überzeugende Weise bestätigt. Eine andere Intelligenz steht uns zur Verfügung, eine, die nicht nur im Kopf sitzt. Es ist sinnvoll, sie zu nutzen. Diese kluge innere Stimme hatte mich an diesen Ort gebracht. Auf sie zu hören ist essenziell.

Zum ersten Mal erlebte ich, dass mein Umfeld dieselben Dinge schätzte wie ich: Achtsam sein bei dem, was man tat. Die Wahrheit sagen. Einander helfen. Mehr auf die Stille hören als auf das Surren der Gedanken. Es war, wie nach Hause zu kommen.

Die Intelligenz des Augenblicks

Ein überaus heiterer Mönch mit Namen Ajahn Chah begründete unsere thailändische Tradition der Waldmönche. Seine spirituelle Erweckung und seine humorvolle und liebevolle Persönlichkeit haben viele inspiriert. Die Menschen fühlten sich von ihm angezogen. In den Sechziger- und Siebzigerjahren wurde er in buddhistischen Kreisen immer beliebter, nicht zuletzt unter Hippies, die früher in Indien gewesen waren. Viele kamen in Ajahn Chahs Kloster im nordöstlichen Thailand. Da in dieser Gegend ein schwieriger thailändischer Dialekt gesprochen wird und viele Ausländer unter den Anhängern von Chah waren, wuchs das Bedürfnis nach einem englischsprachigen Kloster. Nach einiger Zeit wurde in der Nähe für diesen Zweck Land gespendet, und so entstand unser seinerzeit einzigartiges internationales Waldkloster.

Für viele von uns war Ajahn Chah ein spiritueller Held. Auf seinem unglaublich breiten Gesicht war fast immer ein ebenso breites Lächeln zu sehen. So kam er zu seinem Namen: *The Bullfrog*, »Der Ochsenfrosch«.

Einmal saß Ajahn Chah auf einer kleinen Bambuspritsche vor dem Kloster im Dschungel, umgeben von einigen Mönchen und Nonnen. Er griff nach einem Dschungelmesser, hielt es vor sich in die Höhe und sagte in etwa Folgendes:

Wisst ihr was? Unser Geist hat gewisse Ähnlichkeiten mit diesem Dschungelmesser. Stellt euch vor, ich würde dieses Messer die ganze Zeit benutzen. Um damit Plastik zu schneiden, Beton, Glas, Metall, Holz und Stein. Dann würde es sehr schnell sehr stumpf sein und könnte seine Arbeit nicht mehr effektiv erledigen. Wenn ich es hingegen in seiner Messerscheide lasse, außer um damit Holz oder Bambus zu schneiden, dann würde es lange Zeit scharf, schnell und effektiv arbeiten.

Mir gefällt der Vergleich. Denn wenn mein Geist so gut funktionieren soll, wie er es kann, so scharf und so effektiv, wie ich es möchte, dann muss er manchmal ruhen dürfen.

Wir vergessen sehr leicht, dass wir Menschen über mehr als eine Herangehensweise verfügen, wenn wir etwas erreichen möchten. Wir vergessen leicht, dass unsere rationale Seite nicht das einzige Werkzeug ist, das uns zur Verfügung steht. Diese Seite ist freilich gut und wichtig. Viel Gutes und Bedeutendes haben wir ihr zu verdanken: technologische Errungenschaften, den Bereich der Wissenschaft, die Krankenpflege, die Demokratie, die Gleichberechtigung – viele wertvolle Ideen und Systeme. Aber der rationale Geist ist nicht das Einzige, worauf wir zurückgreifen können. Uns steht noch eine zweite Möglichkeit zur Verfügung, um Dinge zu verstehen und voranzukommen. Denn wir erleben darüber hinaus auch *Momente der Inspiration*. Die Buddhisten nennen das Weisheit. Sie zeigen uns die enge Verbindung von Meditation und Weisheit.

Manchmal, wenn ich nach innen lausche, steht plötzlich etwas klar vor mir. Genau das passierte an jenem Sonntagnachmittag auf dem Sofa in Spanien. Manche sagen, dass man in solchen Fällen »seinem Herzen folgt«. Andere nennen es Intuition. Ich bezeichne dies gern als *Intelligenz des Augenblicks*. Wie wir diese Gabe benennen oder zu ihr finden, ist unwichtig. Wichtig ist, zu erkennen, dass wir Menschen diese Fähigkeit haben. Wir können alle, eben weil wir Menschen sind, auf unsere klügste Stimme hören. Sie ist vorhanden. Zu viele nehmen sie nicht wahr, nicht zuletzt, weil es heutzutage so leicht ist, alle Antworten im Außen zu suchen. Es war wohl noch nie so schwer, hat dem Einzelnen noch nie so viel abverlangt, dann und wann den Intellekt ruhen zu lassen, sich einfach still nach innen zu wenden und zu lauschen.

Nur allzu leicht kann man bei der Jagd nach externen Glücksbringern hängen bleiben. Genauso ist es mir als junger Erwachsener ergangen, und noch heute habe ich Anteile davon in mir. Die Anziehungskraft ist enorm. In den Augen anderer erfolgreich zu wirken, zum Beispiel durch eine vermeintlich erfolgreiche Karriere, kann dem Ego einen ordentlichen Schub verleihen. Aber sobald man innehält und nachdenkt, bemerkt man, dass es so ähnlich ist, als würde man sich von Süßigkeiten ernähren! Im Augenblick sind diese bunt und cool und lecker. Aber sie nähren uns nicht nachhaltig.

Wir alle haben einen Zugang zur Intelligenz des Augenblicks. Alle haben wir einen fein abgestimmten leisen Kompass in uns. Wir müssen nur sehr aufmerksam hinhören, denn diese Stimme spricht leiser als unser Ego. Das Ego übertönt sie gern mit lautstarken Botschaften. Es kann hilfreich sein, für eine Weile auf eine andere Frequenz umzuschalten, um so Momente der Stille in unserem Alltag zu finden. Das ist eine fantastische Fähigkeit, und es lohnt sich, sie zu fördern. Tun wir das nicht, wird sich unsere Aufmerksamkeit der Stimme zuwenden, die am lautesten schreit. Dann finden viele Dramen statt. Es kommt zu Auseinandersetzungen. Zu Unruhe und Unzufriedenheit. Zu einem ständigen Kampf mit der Wirklichkeit.

Auf unsere innere Stimme zu hören, ist nicht irrational, es schließt das Rationale vielmehr mit ein, umfasst es. Das bedeutet nicht automatisch, dass völlig neue Gedanken oder Erkenntnisse plötzlich einschlagen wie ein Blitz aus heiterem Himmel. Man kann durchaus lange und gründlich über etwas nachdenken. Das tat ich ebenfalls, als ich mich entschied, meinen guten Job zu kündigen. Selbstverständlich waren die Gedanken irgendwo im Hinterkopf vorhanden und nagten an mir. Aber jeder weiß, wie schwierig es ist, etwas infrage zu stellen, in das man viel Zeit und Ehrgeiz gesteckt hat. Etwas aufzugeben, was auf dem Papier gut und richtig aussieht, sei es ein Job, eine Beziehung, ein bestimmter Lebensstil, ist schwer. Aber wenn ich meine Gedanken ein kleines bisschen freier fließen lasse, kann ich Raum schaffen für eine wahre Überzeugung. Erst wenn ich die klügere Stimme in mir sprechen lasse, taucht wahrscheinlich ein Entschluss auf. Nicht durch *Abwägen*, durch *Hin-und-her-Überlegen* komme ich dazu, etwas so oder so zu machen. Ein Gedanke führt nicht zu einem neuen Gedanken und immer so weiter, bis ich schließlich zu einem Ergebnis gelange. Das wird mir in einem stillen Augenblick, wenn ich ein wenig mehr Zugang zu mir selbst habe, völlig klar.

Oder wie es ein kluger Mann namens Albert Einstein einmal sinngemäß ausdrückte:

»Der rationale Verstand ist ein Diener. Die Intuition ist ein Geschenk. Unsere Kultur hat den Diener zum Meister gemacht und das Geschenk vergessen.«

Die exzentrische Gemeinschaft

Als ich beschloss, Mönch zu werden, hatte ich klare Vorstellungen, wie ein buddhistisches Kloster aussieht und wie es dort sein würde. Viele davon musste ich revidieren.

Zum Beispiel unterscheiden sich die einzelnen Klöster sehr. Es gibt alles, heruntergekommene, chaotische Klöster mitten in einem Wohngebiet oder naturnahe, schöne Anlagen mit einzelnen verstreuten Bambushütten. Außerdem merkte ich schnell, dass ich mich von einem der Beweggründe, Mönch zu werden, verabschieden musste: nämlich von der Vorstellung, dass ich nun Ruhe haben würde. Wirklich Ruhe.

Schon nach wenigen Wochen war mir klar, dass ich in eine Rund-um-die-Uhr-Gemeinschaft eingezogen war, zu der auch Exzentriker gehörten, wie ich sie noch nie erlebt hatte. Wir konnten nicht auswählen, mit wem wir zusammenlebten und -wohnten. Einmal im Monat tauschten wir den Raum oder die Hütte, teilweise, weil wir uns nicht zu sehr an etwas »Eigenes« binden sollten, aber auch, weil die Fluktuation sehr groß war. Menschen kamen und gingen. Manche, die man mochte, verließen plötzlich das Kloster, während andere, mit denen man es schwer hatte, ewig zu bleiben schienen. Soziales Training wurde ein zentraler Teil meines Lebens als Mönch. Damit hatte ich überhaupt nicht gerechnet.

Anfangs fiel es mir sehr schwer. Ich tendierte dazu, mich sehr mit den anderen Mönchen zu vergleichen. So quälte ich mich mit Gedanken wie: »*Du bist nicht so intelligent wie Sujato. Du bist nicht so einfühlsam wie Nyanarato. Nicht so geduldig wie Tejapanno. Nicht so achtsam wie Chandako.*« Außerdem hatte ich über alle eine Meinung. Menschen können sehr anstrengend sein! Ich ärgerte mich über sie, war empört, wenn sie nicht so waren, wie sie meiner Meinung nach sein sollten. Aber nach einer Weile erkannte ich den Schmerz in all dem selbst geschaffenen Widerstand. Langsam, aber sicher wurde etwas in mir großzügiger. Ich lernte, nicht so eine starke Meinung über andere zu entwickeln, andere nicht dauernd zu beurteilen, sondern sie so sein zu lassen, wie sie waren.

Unser Abt ermahnte uns dazu, so zu denken:

Wir sind wie an den Strand angeschwemmte Steine. Grob und kantig liegen wir am Wassersaum. Dann rollen die Wellen des Lebens über uns hinweg. Gelingt es uns, liegen zu bleiben und uns in den Bewegungen des Wassers an den anderen Steinen zu scheuern, dann schleifen sich unsere scharfen Kanten nach und nach ab. Wir werden runder, weicher, wir fangen das Licht ein und beginnen zu leuchten.

Sich an anderen zu stören, ist menschlich. Das tun wir allesamt. Aber wie viel Energie das kostet! Außerdem raubt es uns unnötig viel Kraft. Aber du kannst dich freuen, denn für das Problem gibt es eine Lösung.

Willst du, dass jemand umgänglich ist, dass du wenig gegen ihn einzuwenden hast, dann gibt es einen geheimen kleinen Schlüssel: Lerne, den anderen *genau so zu mögen, wie er oder sie ist.*

Hat sich etwa in der Geschichte des Universums jemals irgendjemand in deinem oder meinem Sinn verändert, nur weil wir meinten, dass er oder sie es tun sollte? Und trotzdem erwarten wir das immer wieder! Das ist doch erstaunlich und fast möchte ich sagen: auch ein bisschen niedlich. Wir glauben, wir wären allmächtig. *»Ich weiß am besten, wie alle sein müssten, und ich leide psychisch darunter, wenn sie nicht so sind.«* Was für ein Selbstverständnis!

Wir Menschen haben lange Bullshit-Antennen. Wenn jemand uns gegenüber Vorbehalte hat, spüren wir das. Es macht uns unsicher, und die Unsicherheit führt dazu, dass wir auf der Hut sind. Wir sind weniger feinfühlig, emotional weniger verbunden mit dem anderen. Aber auch umgekehrt gilt das: Wir spüren, wenn jemand uns so ansieht, als denke er: *Hallo! Willkommen, so wie du bist. Schön, dass es dich gibt. Du musst gar nicht anders sein. Deine Eigenheiten, deine anstrengenden und exzentrischen Seiten stören mich nicht, ich habe Raum für sie. Sei ruhig so schräg, wie du bist, genau so bist du absolut willkommen in meiner Welt. Hier ist Platz für dich.*

Stell dir vor, jemand würde so auf dich zugehen. Da wird man doch automatisch unkomplizierter und umgänglicher.

Mit der Haltung, einander so sein zu lassen, wie wir sind, indem wir uns gegenseitig akzeptieren, können wir weit kommen. Damit eröffnen wir uns die Möglichkeit, unsere Stärken und Talente zu zeigen und eine angenehmere Version von uns selbst zu werden. Sobald wir fühlen, dass wir akzeptiert werden, so wie wir sind, fällt es uns leichter, achtsam zu sein. Dann können wir sensibler auf unser Umfeld reagieren.

All das kommt besonders zum Tragen, wenn man in einer Gemeinschaft lebt, insbesondere in einer, die sich der spirituellen und persönlichen Entwicklung widmet. Oft mochte ich die Menschen später sehr, mit denen ich es am Anfang am schwersten hatte – nachdem ich meine Schwierigkeiten mit ihnen aufgearbeitet hatte.

Im Kloster gab es einen Mönch aus Oklahoma, der mich vier Jahre lang hasste. Täglich, ausdrücklich, ganz offen. In der Retrospektive hat das fast etwas Komisches, denn mir war immer sehr wichtig, was andere von mir hielten. Die Situation forderte mich sehr. Aber ich brauchte wohl jemanden, der mich hasste, um einzusehen, wie hoffnungslos es ist, alle immer dazu bringen zu wollen, dass sie einen mögen.

Das Leben in der Gemeinschaft bot auch viele Vorteile. Ganz besonders schätzte ich am Klosterleben, dass jeder dabei sein durfte. Um Mönch oder Nonne zu werden, muss man nicht smart sein. Um ins Kloster einzutreten, muss man weder gut in der Schule gewesen sein noch über eine bestimmte psychische Reife verfügen. Man muss lediglich seine guten Absichten signalisieren und tun, was man kann. Mehr ist nicht erforderlich.

Die Kultur in einem Kloster der Waldtradition basiert auf Konsens. Wer als Mönch oder Nonne dort lebt, muss dem anderen gegenüber zeigen: »*Ich bin bereit, mit dir zusammenzuarbeiten. Du musst weder perfekt noch intellektuell sein, ich muss dich nicht einmal mögen. Aber ich bin bereit, mit dir zusammenzuarbeiten.«* Jedem Einzelnen bei allem zu helfen, war ein elementarer Teil des Klosterlebens. Und bei allem, womit wir uns beschäftigten, gab es eine Grundhaltung, die mir sehr gefiel: Was du auch tust, sei dabei achtsam. Keine Aktivität ist mehr wert als die andere. Weder ist es besser noch feiner, vor den Krankenschwestern des örtlichen Krankenhauses einen Vortrag zu halten, als einen Weg zu kehren, abzuwaschen oder zu putzen.

Insofern: Auch wenn es nicht so war, wie ich es mir vorher vorgestellt hatte – es war genau so, wie es sein sollte. Wir lernten zusammenzuleben, indem wir genau das taten. Wir schafften es, wie Kiesel am Wassersaum zu liegen und Welle auf Welle unsere Kanten aneinander abzuschleifen, um sanft zu werden.

Der Rhythmus in einem Waldkloster

Als mich meine Eltern zum ersten Mal im Kloster besuchten, war ich seit einem Jahr Mönch. Zu dem Zeitpunkt kam ich mir, gelinde gesagt, vor wie gerade erleuchtet und war völlig von dem neuen Leben absorbiert. Nach meinem Gefühl hatte ich das einzig Richtige gefunden, hatte einen Zugang zu Antworten auf alles. In meiner Welt gab es keine wichtige Frage, auf die Buddha nicht die Antwort hatte. Aber was würden meine Eltern denken?

Mein Vater schien vor allem damit beschäftigt zu sein, Orte zu finden, wo er insgeheim rauchen konnte, denn das Rauchen war im gesamten Klosterbereich verboten. Nach drei Tagen konnte ich nicht länger an mich halten:

»Vater, was hältst du denn jetzt von dem Ort und von unserem Leben hier?«

Mein Vater sah mich an, zog an seiner Zigarette und sagte:

»Hm, es ist ein bisschen wie bei den Pfadfindern. Nur mit mehr Moral.«

Mutter war eher praktisch veranlagt. Das galt auch fürs Klosterleben. Meine Eltern durften in einem kleinen Haus am Rand des Geländes wohnen. Die Küche des Klosters war sehr einfach, das Essen wurde über offenem Feuer zubereitet. Als Mutter am ersten Morgen zur Küche ging, hatte sie ein riesiges Stück Lachs dabei, vakuumverpackt. In der Küche angekommen, rief sie: »Jetzt gibt es Lachshäppchen für alle Mönche und Nonnen!«

Die Dillsauce durfte dabei nicht fehlen, die hatte sie natürlich auch aus Schweden mitgebracht.

An dem Tag spürte ich vor dem Essen, wie sehr meiner Mutter daran gelegen war, mit unserem kanadischen Lehrer Ajahn Passano zu sprechen. Sie hatte gemerkt, dass es in einem thailändischen Kloster vor der Mahlzeit sehr feierlich zugeht. Da zu stören wäre unpassend. Die Mönche – und die Nonnen, wenn es im Kloster welche gibt – singen vor dem Essen einen Segen, dann wird schweigend gegessen. Die Gäste ziehen sich unterdessen in die Küche zurück, wo eine ganz andere, freudvolle Stimmung herrscht.

Großeltern aus den Dörfern der Umgebung nutzen das Kloster als soziales Zentrum. Wenn sie morgens kommen, bringen sie ihre Enkel mit. Sie halten sich die meiste Zeit in der Küche auf, helfen beim Zubereiten der Speisen. Weil sie wussten, dass viele von uns Westlern vegetarisches Essen bevorzugten, bereiteten sie oft eine Art Gemüse-Wok zu, was für die Dorfbewohner ungewöhnlich ist. Mutter liebte die Begegnungen in der Klosterküche. Obwohl sie kein Wort verstand, fühlte sie sich dort zu Hause, denn sie mag Kinder und ist gerne unter Menschen.

Kaum hatten die Mönche ihre Mahlzeit beendet, kaum hatte Ajahn Passano seinen Löffel abgelegt, ging Mutter auf ihn zu und sprach ihn an.

»Hallo. Mein Name ist Kylle. Ich bin Natthikos Mutter. Nachdem du Mönch geworden bist, wie lange hat es da gedauert, bis du nach Hause gefahren bist und deine Eltern besucht hast?«

Ajahn Passano antwortete: »Ach, liebe Kylle. Wie unglücklich, dass dies deine erste Frage ist. Denn weißt du, ich war erst seit drei Jahren Mönch, als man mich fragte, ob ich mir vorstellen könnte, hier Abt zu werden. Der Job ist nicht beliebt, denn man hat nicht nur sehr viel zu tun, man ist auch eine Projektionsfläche für alle. Wenn die Menschen hierherkommen, um Mönch oder Nonne zu werden, geben sie sehr viel auf. Entsprechend groß sind ihre Hoffnungen und Ängste. Die Position zu bekleiden ist also nicht einfach. Man wird zu einer öffentlichen Person und trägt viel Verantwortung. Die meisten von uns sind hier, um ruhig und zurückgezogen zu leben. Aber ich spürte, dass ich die Verantwortung auf mich nehmen und zusagen musste, wenn kein anderer den Posten übernehmen wollte. Danach war ich die nächsten zwölf Jahre beschäftigt, ohne einen freien Tag in der Woche. So kam es, dass es sechzehn Jahre dauerte, bis ich nach Hause fuhr, um meine Familie zu besuchen.«

Das war nicht die Auskunft, die Mutter bekommen wollte. Was sie erwiderte, konnte ich nicht verstehen, aber ihre Miene strahlte etwas aus wie:

»Das kannst du vergessen. So lange wird es nicht dauern, bis Björn zu Besuch nach Hause kommt.«

Das Wort »Abt« ist eine etwas unglückliche Übersetzung, denn es hat so einen christlichen Klang. Man assoziiert damit einen rundlichen mittelalterlichen Mönch, der Käse macht. Aber mir ist kein besseres Wort eingefallen, um den Leiter des Klosters zu beschreiben, deshalb benutze ich es trotzdem. Es erklärt, wer die Hauptperson ist. Dann folgen die Seniormönche. Wer mindestens zehn Jahre dabei ist, wird automatisch Seniormönch. Damit erhält man auch den Beinamen *Ajahn*, das ist das thailändische Wort für Lehrer.

Unser Kloster war sehr besonders, weil dort Mönche aus aller Herren Länder lebten. Entsprechend prallten unterschiedliche Kulturen aufeinander. Das machte sich zum Beispiel in Fragen der Hierarchie bemerkbar. Mönche aus Südostasien und aus dem Westen stammten aus Gesellschaftssystemen, die unterschiedlicher nicht sein konnten. Thailand hatte traditionell patriarchalische und hierarchische Strukturen. Die Mönche von dort sowie aus den angrenzenden Ländern kamen mit dem Bezugssystem *Familie* zum Kloster. Der Abt war für sie eine Art Vater. Und eine strenge Hierarchie war für sie normal. Dem Leiter, der Vaterfigur, brachten sie demnach ein natürliches Vertrauen entgegen. Aber für uns Mönche aus dem Westen war das Bezugssystem der *Job*, weshalb wir den Abt eher als eine Art Chef betrachteten. Das führte ebenfalls zu einem gewissen automatischen Vertrauen ihm gegenüber, aber wir hatten eine völlig andere Einstellung, was Regeln und Verpflichtungen betraf.

In Thailand wurde aus unserer Sicht vieles vom Gefühl gesteuert. Musste etwas getan oder entschieden werden, reichte es, einfach zu sagen *»Das fühlt sich nicht gut an«*. Dann wurde das so akzeptiert. Wir anderen, geprägt von der durchorganisierten Kultur der westlichen Welt, konnten nur schwer einsehen, dass ein solches Argument genug Gewicht haben sollte.

Routinen prägten das Leben im Kloster. Alles war vorhersehbar. Entsprechend ruhig gestaltete sich das Dasein. Wir waren viel weniger Eindrücken ausgesetzt als in der westlichen Welt. Das Gehirn musste nicht unablässig so viel verarbeiten und wir waren geistig weniger erschöpft.

Morgens um drei Uhr wurden wir geweckt. Eine halbe Stunde später versammelten wir uns in einer der beiden Meditationshallen. Ich gewöhnte mich nie richtig an die nächtliche Wanderung dorthin. Für mich sah jede der sich über den Weg windenden Baumwurzeln im Dunkeln aus wie eine Schlange. Es war müßig, sich selbst zu überzeugen, das sei nur Einbildung, denn manchmal war es tatsächlich eine Schlange. So wenig Besitz wie möglich sein Eigen zu nennen, war mit einem gewissen Prestige verbunden. Deshalb beharrten manche Mönche darauf, den Weg barfuß und ohne Taschenlampe zurückzulegen. Zweimal bin ich auf Schlangen getreten, was mich beide Male ziemlich aufbrachte. Schließlich hatten wir es nicht mit harmlosen Schlingnattern zu tun. Ein anderer Mönch wollte mich hinterher beruhigen. Er meinte, die Schlange hätte mich deshalb nicht gebissen, weil sie zu den giftigsten gehörte, und »die brauchen nicht so schnell zu sein«.

»Okay, danke. Jetzt geht es mir gleich viel besser.«

Die Meditationshalle außerhalb des Dschungels hatte offene Wände, damit der Wind immer hindurchwehen konnte. Pfeiler trugen die Decke und an einem Ende stand auf dem gefliesten Fußboden eine goldene Buddha-Statue. Um die Mücken fernzuhalten, hingen mehrere außergewöhnlich schöne Ventilatoren unter der Decke. Wenn wir den Saal betraten, verbeugten wir uns kniend, die Handflächen und die Stirn zum Fußboden hin gerichtet.

Diese rituelle Verbeugung fand nicht nur in der Meditationshalle statt. So lautete eine Regel im Waldkloster: »Ehe du dich in einen Raum mit einer Buddha-Statue setzt, verbeugst du dich drei Mal der Statue zugewandt. Auch wenn du einen Raum mit einer Buddha-Statue verlassen willst, verbeugst du dich zunächst drei Mal in Richtung der Statue.« Da wir uns oft in einen Raum setzten und in nahezu allen Räumen des Waldklosters mindestens eine Buddha-Statue stand, verneigten wir uns *sehr* häufig. Das Verbeugen war für mich anfangs eine ungewohnte und merkwürdige Geste. Aber mit der Zeit gewann sie für mich immer mehr an Bedeutung.

Buddha hat sehr kluge und klare Angaben zu Verhaltensweisen bei Zeremonien gemacht. Rituale oder Zeremonien haben an sich keine Bedeutung. Wir *verleihen* ihnen eine Bedeutung. Als Mönche oder Nonnen sollten wir unserem Tun im Leben eine Bedeutung geben, die für *uns* sinnvoll ist.

Beim Verbeugen fühlte ich zunehmend eine Zuversicht und eine immer bewusstere Überzeugung, dass mir eine klügere und weisere Quelle als mein kleines Ego zur Verfügung stand.

Nach der einleitenden Verbeugung sangen wir. Im Unterschied zu Jesus hatte Buddha fünfundvierzig Jahre, um die Erkenntnisse weiterzugeben, die er ab dem fünfunddreißigsten Jahr gewann. Und zu seiner Zeit memorierten Zehntausende Nonnen und Mönche als eine Art Hobby das, was Buddha sagte, wenn er bei Versammlungen auf Fragen antwortete. Buddhas Worte und Botschaften werden seither in einer reichen Sammlung von Gesängen und Texten bewahrt. Nach der Stunde voller Gesang begann eine längere Meditation, die erste des Tages.

Vor der Morgendämmerung durfte man das Klostergelände nicht verlassen. Aber sobald die Sonne aufging, war es Zeit für die Almosenrunde – dies war mir die liebste Stunde des Tages. In Gruppen von fünf, sechs Mönchen zogen wir in verschiedenen Richtungen durch die Dörfer. Immer barfuß, in einer Reihe, schweigend. Wir alle trugen ein Band um den Hals, an dem eine Schale hing. Wer uns mit Essen unterstützen wollte und konnte, stand in der Regel am Wegrand bereit. Oder jemand rief aus dem Haus heraus und bat uns freundlich, einen Augenblick zu warten.

Am Ende kehrten wir mit den Gaben zum Kloster zurück. Das konnten Früchte sein, Reis, Eier, Plastiktüten mit fertigen warmen Gerichten, in Bananenblätter eingeschlagene Desserts. Das Essen war nie unser persönliches Eigentum. Alles gehörte der Gemeinschaft. Die Mönche legten es auf großen Emailplatten ab, die dann zur Küche gebracht wurden. Dort wurde zubereitet, was verarbeitet werden musste. Vor dem Servieren wurde alles ansprechend angerichtet. Manchmal kamen Familien aus einer nahe gelegenen Stadt zum Kloster und spendierten etwas, zum Beispiel wenn jemand in der Familie Geburtstag feierte oder der Todestag eines lieben Familienmitglieds begangen wurde.

Im Kloster hatten wir genug zu essen. Es blieb immer etwas übrig. Wenn jemand aus der Bevölkerung bedürftig war oder einfach so etwas bekommen wollte, durfte er sich in der Klosterküche gerne etwas zu essen geben lassen, schließlich war dieser Teil Thailands sehr arm. Dasselbe galt für die vielen anderen Spenden, die wir erhielten – was übrig blieb, wurde weiterverschenkt. Da unser Kloster einen sehr guten Ruf hatte, unterstützten uns viele. Auch reiche Menschen aus den Großstädten füllten gern die Spendenbox. So war es unserem Kloster zum Beispiel möglich, den Bau des größten Flügels für das örtliche Krankenhaus zu finanzieren. Die Umverteilung der Ressourcen klappte ausgezeichnet, beide Seiten waren aufeinander angewiesen.

Um acht Uhr dreißig nahmen wir für die tägliche Mahlzeit Platz. Es dauerte Jahre, bis ich mich daran gewöhnt hatte, nur ein Mal am Tag zu essen. Anfangs dachte ich bei manchen langen Meditationssitzungen ausschließlich an Pizza und Eis. In der halben Stunde, bevor das Essen serviert wurde, sollten wir auf unseren Plätzen in der Meditationshalle neben der Küche sitzen und uns sammeln. Dort aßen alle Mönche und die wenigen Nonnen, die eventuell da waren, sowie Gäste, die sich länger als drei Tage im Kloster aufhielten. Dahinter stand der Gedanke, dass die Mahlzeit achtsam verzehrt werden sollte. Das ist ein wichtiger Teil der Kontemplation. Man sitzt auf einem kniehohen Podest und isst, schweigend und aufmerksam. Die Plätze beim Essen sind nach einer bestimmten Rangfolge festgelegt: Wer am längsten Mönch ist, sitzt dem Buddha am nächsten und bekommt sein Essen zuerst.

Nach der Mahlzeit, ab neun Uhr dreißig, hatten alle Mönche bis fünfzehn Uhr »Zeit für sich«. Viele widmeten einen großen Teil dieser Zeit der Gehmeditation. Das war auch meine favorisierte Aktivität. Ansonsten konnten wir im Sitzen meditieren, Yoga oder Tai Chi machen, studieren, lesen, schreiben, mit anderen plaudern, aufräumen, unsere Kleidung waschen oder einen Mittagsschlaf halten.

Zwischen fünfzehn und siebzehn Uhr hatten wir unseren Arbeitseinsatz. Oft handelte es sich dabei um harte körperliche Arbeit. Wir lebten ja im tropischen Dschungel, da gab es viel, was wuchs und in Schach gehalten werden musste. Manchmal konnte man bis zu hundert Menschen in einer langen Reihe stehen und kleine Eimer mit Zement weiterreichen sehen. Immer musste irgendetwas gebaut, repariert, in Ordnung gebracht werden. Oder die Wartung des Filters im Tank, in dem wir Regenwasser sammelten, war fällig oder am Computer musste die Erneuerung einiger Visa beantragt werden.

Mir fiel oft die Aufgabe zu, mich um die vielen Gäste zu kümmern, die uns besuchten. Alle hatten wir verschiedene Bereiche, für die wir über längere oder kürzere Zeit verantwortlich waren. Mein halbes Mönchsleben lang war ich »Gästemönch«. Ich wurde dafür eingesetzt, weil ich sechs Sprachen sprach. Meist fand ich die Aufgabe angenehm, obwohl man sich darauf einstellen musste, häufig gestört zu werden. Da unser Kloster auf einzigartige Weise international ausgerichtet war, galt es als beliebtes Ausflugsziel. Fast täglich erreichten uns Busse mit Touristen und anderen Leuten, die sehen wollten, wie wir lebten. Viele Thailänder fanden die Mönche aus dem Westen unglaublich exotisch. Mönch zu sein, war ihrer Meinung nach schon für einen Thailänder sehr schwer. Und dann kamen die aus dem Westen und gaben alles auf, um so zu leben! Und sie meisterten es! Das beeindruckte die Thailänder oft sehr und sie waren stolz darauf.

Um siebzehn Uhr kam die arg herbeigesehnte Tee- und Kaffeestunde. Wir hatten bis dahin seit neun Uhr nichts anderes als Wasser zu uns genommen, sodass die süßen heißen Getränke um diese Zeit äußerst willkommen waren. Ich persönlich war stark abhängig von Kaffee, was natürlich mit der enormen Herausforderung zu tun hatte, wach zu bleiben. Die Teestunde war oft gemütlich. Manchmal konnten wir Fragen stellen, manchmal saß der Lehrer einfach da und ließ uns an philosophischen Reflexionen teilhaben.

Gegen achtzehn Uhr dreißig bis neunzehn Uhr wuschen wir unsere Tassen ab. Für mich war danach eine gute Zeit, um zu meditieren, denn mit dem Koffein im Körper schlief ich nicht so schnell ein. Um halb acht versammelten wir uns dann wieder in der Meditationshalle. Der Ablauf war in etwa der gleiche wie morgens – verneigen, singen, meditieren. An normalen Tagen waren wir gegen einundzwanzig Uhr fertig. An manchen Tagen in der Woche hielt der Lehrer abends einen Vortrag, dann wurde es schon mal zweiundzwanzig Uhr, bis wir schlafen gingen.

Besonders an einen Abend nach der Teestunde erinnere ich mich. Wie gewöhnlich hatte ich mich für eine Weile zum Meditieren zurückgezogen. Es war kurz vor sieben und bis auf einige brennende Kerzen dunkel. Ich saß alleine dort, als ich hinter mir eine Stimme hörte. Ein befreundeter Mönch war gekommen, um mir zu sagen, in der Küche habe jemand nach mir gefragt. Das war höchst ungewöhnlich, denn in der Regel störten wir uns bei der Meditation nicht. Auf meine erstaunte Frage, wer die Person sei, wollte er nicht weiter eingehen. Im Licht unserer Taschenlampen folgten wir dem Weg zum Küchenhaus.

Ich konnte im Dunkeln schemenhaft zwei Menschen ausmachen, und als wir näher kamen, leuchtete ein starker Scheinwerfer auf. Geblendet blinzelte ich und bemerkte, dass mir jemand etwas Flauschiges unter die Nase hielt: ein Mikrofon mit Windschutz-Fell! Als ich aufblickte, sah ich die Person, die es hielt. Das Gesicht hatte ich schon einmal gesehen und mit meiner ganzen buddhistischen Tiefsinnigkeit platzte ich heraus:

»Ich habe Sie im Fernsehen gesehen!« Es war die bekannte schwedische Journalistin Stina Dabrowski.

Stina Dabrowski hatte eigentlich den thailändischen König interviewen wollen, aber er hatte den Termin kurzfristig abgesagt. Zu dem Zeitpunkt war das kleine Fernsehteam bereits vor Ort gewesen. Jemand im schwedischen Konsulat hatte dem Team von einem Schweden berichtet, einem ehemaligen Diplom-Kaufmann, der an der thailändischen Grenze zu Laos und Kambodscha Waldmönch spielte. Stina und ihr Kamerateam beschlossen, es auf einen Versuch ankommen zu lassen und unser Kloster aufzusuchen. Sie blieben über Nacht und Stina schloss sich am nächsten Morgen der Almosenrunde an. Sie legte jedem von uns eine Banane in die Schale.

Das Fernsehteam rollte im Dschungel einen Teppich auf dem Boden aus, auf dem Stina und ich nach dem Frühstück während des Interviews sitzen konnten. Ihre Eindrücke waren gemischt: Auf der einen Seite erlebte sie das Kloster als einen durch und durch angenehmen Ort. Die Menschen waren freundlich, hörten einander zu, halfen sich gegenseitig und wirkten ruhig und gelassen. Kurz gesagt, die Menschen waren achtsam. Daran kann man leicht Gefallen finden. Auf der anderen Seite hatten sich die Bewohner des Klosters von allem abgewandt, worauf Menschen »normalerweise« im Leben Wert legen. Sei es der Kneipenbesuch am Freitag nach der Arbeit oder Essenseinladungen mit Freunden, bis hin zur Familienplanung und einem gemeinsamen Leben. Die Tatsache, dass die Klostermitglieder diese Wahl treffen müssen, provoziert andere Menschen häufig.

Vielleicht fühlte auch Stina sich etwas provoziert, sodass sie im Lauf des Interviews fragte:

»Björn, was würde passieren, wenn alle Menschen Mönche und Nonnen würden?«

Gelassen antwortete ich:

»Ich glaube, das würde mindestens so gut funktionieren, als wenn alle Fernsehjournalisten würden.«

Kitsch und Weisheit

Es mag nur schwer vorstellbar sein, wie unglaublich *wenig* Anregung es in einem thailändischen Waldkloster gibt. Keine der Unterhaltungen, mit denen wir uns im Westen vergnügen, wird angeboten. Die meistgelesenen Bücher der Klosterbibliothek waren die Comics von *Calvin und Hobbes*. Mein Bruder hatte sie mir Jahr für Jahr zum Geburtstag und zu Weihnachten geschickt. Erstaunlich viele von uns schätzten diese literarischen Werke. Du kannst dir kaum vorstellen, wie abgenutzt und abgegriffen die Bände waren. Ein Mönch namens Kondañño war überaus begeistert von *Calvin und Hobbes*. Kondañño war besonders, denn er interessierte sich überhaupt nicht für Meditation und Buddhismus. Eigentlich gefielen ihm nur die praktischen Aspekte des Mönchsdaseins, zum Beispiel etwas zu bauen. Und eben Comics zu lesen.

Eines Tages saß ich im Meditationssaal und wartete auf das Essen. Wenn man 23,5 Stunden am Tag fastet, kann es, wie gesagt, schon mal vorkommen, dass man übermäßig fokussiert aufs Essen ist. Ich war wie besessen davon. Also saß ich erwartungsvoll auf meinem Platz. Ich hatte bereits mitbekommen, dass es mein Lieblingsdessert gab – eine Art klebriger dicker Reis, in Kokossahne gekocht, dazu sonnengereifte frische Mango. Beim Gedanken an den Nachtisch fiel es mir noch schwerer, ruhig und in Dankbarkeit für das uns geschenkte Essen abzuwarten. Stattdessen berechnete ich, ob das Dessert wohl auch für mich reichen würde. Denn damals war ich ziemlich neu im Kloster, sodass sehr viele vor mir ihr Essen bekommen würden. Etwas ängstlich blickte ich mich um, versuchte krampfhaft etwas zu finden, woran ich denken konnte, um von der Fixierung auf das Essen wegzukommen. Da fiel mein Blick auf einen grellbunten Plastikzylinder rechts von mir.

Während des Studiums an der Handelshochschule hatten wir gelernt, der freie Informationsfluss, der allen Beteiligten den gleichen Wissensstand ermöglicht, sei die Voraussetzung für eine funktionierende Marktwirtschaft. Die Ökonomie des Klosters war in vieler Hinsicht unvollkommen. Sie war gänzlich auf Spenden, Almosen und Großzügigkeit aufgebaut. Wir baten um nichts. Nur wenn jemand sich danach erkundigte, wie er uns am besten helfen könne, durften wir ausnahmsweise antworten. Hauptsächlich aber schenkten Menschen uns Dinge, die wir ihrer Meinung nach brauchen konnten. Das führte unter anderem dazu, dass wir von manchen Produkten einen gewaltigen Überschuss hatten, zum Beispiel Toilettenpapier. Davon hatten wir enorme Mengen! Damit wir uns an all dem Papier erfreuen konnten, kannte unsere Kreativität keine Grenzen. Ständig entdeckten wir neue Verwendungsmöglichkeiten.

Einer unserer vermögenden Unterstützer aus Bangkok hatte bei einer Reise nach Japan einen Plastikzylinder mit einem Loch entdeckt, der über Toilettenpapierrollen gestülpt werden konnte. Wenn man den Pappkern von der Rolle löste, konnte man Papierstücke in passender Länge aus dem Loch im Zylinder ziehen. So hatten wir perfekte Servietten zur Verfügung, ohne eine Rolle Toilettenpapier mitten auf den Esstisch stellen zu müssen.

Es ist sicher keine Übertreibung zu sagen, dass man in Asien allgemein und wahrscheinlich besonders in Japan eine Schwäche für Kitsch hat. Besagter Plastikzylinder war ein typisches Beispiel dafür. Als ich vor dem Essen so dasaß, war ich geradezu hypnotisiert von diesem Behältnis in grellem Gelb und schreiendem Kirschrot mit dem Hello-Kitty-Logo.

Froh, abgelenkt zu sein, nahm ich den Zylinder in die Hand. Ich wollte herausfinden, ob etwas darauf stand. Es erinnerte mich an früher, als man am Frühstückstisch den Sinnspruch auf der Milchtüte las. Und tatsächlich entdeckte ich zu meiner Freude am unteren Rand des Zylinders einen kleinen Text auf Englisch. Frei übersetzt, stand dort:

Das Wissen ist stolz auf all das, was es weiß. Die Weisheit ist demütig gegenüber allem, was sie nicht weiß.

Alle Achtung! Zeitlose Weisheit auf einem schrillen Plastikzylinder. Tatsächlich ist es zweifellos wertvoll, nicht in vermeintlich sicheren Gewissheiten des Verstandes zu verharren. Wenn wir immerzu nur mit dem leben, was wir vermeintlich schon wissen, werden wir unempfänglich. Wir bringen uns um so vieles! Wollen wir Zugang zu einer höheren Weisheit finden, müssen wir einen Großteil unserer Überzeugungen loslassen sowie heiter und gelassen akzeptieren, nicht (alles) zu wissen. Wenn wir glauben, etwas zu wissen, ist das oft ein großes Problem. Zu wissen, dass wir etwas nicht wissen, ist eigentlich nie weiter problematisch.

Wenn wir nur mit dem leben, was wir zu wissen glauben – wie sollen wir dann je etwas Neues wahrnehmen? Wie sollen wir dann etwas lernen? Wie sollen wir flexibel reagieren, improvisieren, spielen? Wie sollen wir uns miteinander austauschen, sodass etwas Neues, Weiterführendes entsteht?

Willst du wissen, wie sich jemand fühlt, der nie auf seine klügste Stimme hört, der ständig wie hypnotisiert ausschließlich auf seinen eigenen Gedankenfluss achtet, der sich bei allem absolut sicher ist? Ich will dir ein anschauliches Beispiel aus einer der großen westlichen Weisheitstraditionen geben, nämlich aus der Erzählung *Pu der Bär*:

In der Szene, die ich meine, schlendern Pu und Ferkel zusammen umher. Kannst du es dir vorstellen? Pu in seinem kurzen roten T-Shirt und Ferkel in seinem rosa gestreiften Badeanzug. Als sie am Haus von Kaninchen vorbeikommen, bleibt Ferkel fast überwältigt vor Bewunderung stehen, sieht zum Haus und sagt: »Kaninchen ist sehr klug.« Pu wirkt nachdenklich, sagt aber nichts, und sie gehen weiter. Eine Weile später bleibt Pu stehen, wendet sich Ferkel zu und sagt: »Ja … vielleicht versteht Kaninchen deshalb nie etwas.«

Das kennen wir alle. Es gibt Menschen, die im Nebel ihrer eigenen klugen Gedanken gefangen zu sein scheinen. Sie sind nicht präsent und haben ihre Grenzen. Kaninchen mag klug sein und viel wissen. Aber wenn ich entscheiden sollte, ob ich lieber als Kaninchen oder als Pu der Bär leben würde, wäre die Antwort für mich jedenfalls einfach. Und ich glaube, wir alle sollten uns um unseren inneren Pu bemühen und unserem Umfeld oft mit Pus Blick begegnen – mit offenen Augen, hellwach, aufmerksam, voller Präsenz.

Einem »Kaninchen« etwas zu erzählen, einer Person, die

ganz in dem lebt, was sie schon zu wissen meint, macht selten Spaß. Bei vielen Menschen hat man das Gefühl, dass sie nicht richtig zuhören, sondern nur darauf warten, sobald man fertig geredet hat, endlich mitteilen zu können, was sie selbst sagen wollen. Sie neigen auch dazu, ständig zu bewerten, was andere sagen. Ansichten und Perspektiven werden nur anerkannt, solange sie mit *ihrem* Weltbild übereinstimmen und es bekräftigen. Dabei entsteht keine Magie. Es ist einfach selten ein Vergnügen, mit so einem Menschen zusammen zu sein.

Und wie ist es im umgekehrten Fall? Wie schön ist es doch, einem Menschen etwas zu berichten, der aufmerksam, ohne Vorbehalte, offen und neugierig zuhört. Jemandem, der vielleicht sogar fähig ist, für eine Weile in unsere Schuhe zu schlüpfen, eine Weile an unserer Seite zu gehen, sich in uns hineinzuversetzen. Solches Zuhören ist richtig heilsam. Wenn wir einander auf dieser Ebene begegnen, können wir uns gewissermaßen selbst entdecken: *Hier bin ich also, erzähle und erkläre, sage etwas, von dem ich nicht einmal wusste, dass ich es denke oder fühle. Wie interessant!* Ein offenes Ohr kann uns helfen, uns selbst zu finden. Und das ist keine Kleinigkeit.

Bestimmt hast du inzwischen schon bemerkt, dass ich Geschichten mag. Woher genau die nächste stammt, weiß ich nicht, aber ich will sie trotzdem erzählen. Sie handelt von einem Mann, der einen Berghang hinaufsteigt. Als er bereits ein gutes Stück weit nach oben gekommen ist, sieht er, wie steil es neben ihm hinunter in die Tiefe geht. Der Pfad ist ziemlich schmal, und es hat vor Kurzem geregnet, sodass die Erde nass ist. Auf dem Weg liegt ein runder Stein, der besonders rutschig geworden ist. Der Mann bemerkt ihn nicht, sondern tritt darauf, gleitet aus und droht in den Abgrund zu stürzen. Verzweifelt rudert er mit den Armen, um sich an irgendetwas festzuhalten. Wunderbarerweise bekommt er einen kleinen Baum zu fassen, der waagerecht aus dem Felshang hervorwächst. Dort bleibt er hängen.

Dieser Mann war nie spirituell interessiert, hatte keinerlei religiösen Glauben. Immer länger hängt er an dem Baum. Allmählich verlässt ihn die Kraft, die Arme beginnen zu zittern. Unter ihm sind fünfhundert Meter Luft. Fünfhundert Meter freier Fall. Als er begreift, dass er sich nicht mehr lange wird halten können, erfasst ihn Panik. Da wendet er sich zum Himmel und fragt vorsichtig:

»Hallo? Gott? Hörst du mich? Ich hätte wirklich gern etwas Hilfe … wenn es dich also gibt …«

Nach einer Weile tönt eine gebieterische tiefe Stimme vom Himmel:

»Ich bin Gott. Ich kann dir helfen. Aber du musst genau das tun, was ich dir sage.«

Der Mann antwortet:

»Was auch immer, Gott, was auch immer!«

Und Gott sagt zu ihm:

»Lass los!«

Der Mann zögert ein paar Sekunden, dann fragt er:

»Äh … gibt es da oben noch jemanden?«

Diese Geschichte spricht mich an. Denn *genau so* geht es mir, wenn ich von irgendetwas felsenfest überzeugt bin und feststecke. Ich *will* den Gedanken *nicht* loslassen, denn er ist doch *richtig*!

Ganz leicht argumentieren wir mit einer solchen »Logik«. Besonders, wenn es uns schlecht geht. An bestimmten Gedanken haften wir fest. Auch wenn wir uns vielleicht sogar daran erinnern, irgendwann irgendwo gelesen zu haben, wie leicht wir unterschätzen, was unsere Gedanken anrichten können. Wie viel unnötiges psychisches Leid wir uns selbst schaffen, indem wir an Gedanken festhalten, die uns nicht guttun! Aber letztlich bleiben wir doch dabei: *»Ja klar, das klingt klug. Trotzdem, diesen Gedanken lasse ich nicht los. Er ist richtig.«*

Aus unserer begrenzten Perspektive betrachtet stimmt das vielleicht sogar. Aber welche *Folgen* hat es für uns, an den Gedanken festzuhalten?

Üben loszulassen. Das ist eine meiner wichtigsten Lehren. Diese Weisheit ist so groß. Wir werden uns jedes Mal wieder darüber freuen, wenn wir uns darin bestärken. Es ist die einzige Möglichkeit, uns von Gedanken freizumachen, die uns nicht guttun, die uns kleiner, schlechter, ängstlicher und auch wütender machen. Selbst wenn sie vielleicht »richtig« sind. Loszulassen ist natürlich leichter gesagt als getan. Aber denk dran, die Gedanken, von denen wir am schwersten loskommen, sind meistens diejenigen, die uns am wenigsten zuträglich sind.

Das magische Mantra

Einmal in der Woche blieben wir auf und meditierten die ganze Nacht hindurch. Hin und wieder sangen wir etwas, gelegentlich verneigten wir uns, aber die meiste Zeit widmeten wir der Schweigemeditation. Das war so was wie ein buddhistischer Sonntag, ziemlich feierlich. Ich freute mich immer auf diese Nacht, allerdings mit gemischten Gefühlen. Ich empfand Freude, weil es so schön war. Und ich hatte gemischte Gefühle, weil es mir so schwerfiel, wach zu bleiben.

Ich erinnere mich besonders an eine Nacht: Vollmond. Sternenklarer Himmel. Windstille. Wir sitzen in der wunderschönen offenen Meditationshalle. Von draußen dringt aus dem tropischen Naturwald eine erstaunliche Vielzahl an Lauten herein: Vögel, Insekten, Laub, das raschelt, wenn sich Tiere darin bewegen. Der bekannte Duft von Räucherwerk und Tigerbalsam kommt und geht. Hunderte von Stearinkerzen erleuchten das Innere des Tempels. Der Nacht zu Ehren ist dieser mit Lotosblüten geschmückt, und ganz vorne stehen zwei gigantische, frisch polierte glänzende Buddha-Statuen aus Messing. Sie sind circa drei Meter hoch, und jeweils am Vortag der nächtlichen Meditation polieren dreißig Mönche sie sorgfältig, sodass sie im Schein des Lichts noch mehr strahlen.

Der Saal füllt sich mit Mönchen und Gemeindemitgliedern. Ungefähr hundertfünfzig Menschen sitzen mit gekreuzten Beinen auf dem Boden und meditieren. Oder zumindest hundertneunundvierzig meditieren. Ich versuche vor allem, wach zu bleiben. Was mir regelmäßig misslingt.

Für mich waren die nächtlichen Meditationen eine lange Übung darin, mich zu blamieren, denn es fiel mir ungeheuer schwer, nicht einzuschlafen. Ich tat, was ich konnte, fürchtete aber, dass ich, vor Müdigkeit hin und her schwankend, ein bisschen wie ein Schiff auf hoher See aussah.

War das nicht irgendwie paradox? So viel hatte ich aufgegeben. Eine vielversprechende Karriere. Hatte verschenkt, was ich besaß. War weit weggezogen von meiner Familie und Freunden. Alles, um als Waldmönch in Thailand zu leben. Aber offenbar war ich unfähig, das zu erfüllen, was von buddhistischen Mönchen und Nonnen erwartet wurde.

Zu meiner Freude wird es um Mitternacht leichter. Und ich sehe, dass unser amerikanischer Novize, ein ehemaliger Jazzpianist, ein paar Aluminiumkessel hereinträgt. Gemeinsam mit ein paar anderen Novizen hat er in der letzten Stunde für uns alle starken, süßen Kaffee zubereitet. Wir Klosterbewohner sitzen an einer Längsseite des schönen luftigen Saals. Wir sind zwanzig Mönche aus fast ebenso vielen Ländern. Andächtig trinken wir unseren Kaffee. Einer scherzt, dieser Novize werde es einmal weit bringen, so gut, wie er Kaffee kochen könne.

Schließlich begibt sich unser Lehrer auf den Rednerplatz, um mit dem nächtlichen Vortrag zu beginnen. Der bisherige

Abt, Ajahn Passano, hat Thailand verlassen, um ein neues Kloster in den USA zu gründen. Deshalb ist er durch einen anderen fantastischen Mönch ersetzt worden, den Engländer Ajahn Jayasaro. Er setzt sich zurecht, die Beine gekreuzt, und richtet seine ockerfarbene Kutte. Ajahn Jayasaro ist außerordentlich großherzig und der Kanal zwischen seinem messerscharfen Verstand und dem Herzen ist immer weit geöffnet.

Alle im Raum, Mönche wie Laien, hören aufmerksam zu. Ajahn Jayasaro ist ein guter Redner und an diesem Abend sagt er unerwartet:

»Heute Nacht werde ich euch ein magisches Mantra geben.«

Die Versammelten sind erstaunt. Die Waldtradition ist eigentlich dafür bekannt, alles, was nach Magie und Mystik klingt, abzulehnen. Es wird nicht als lohnend erachtet. Mit ruhiger Stimme fährt Ajahn Jayasaro fort:

»Wenn das nächste Mal ein Konflikt am Horizont auftaucht, wenn du merkst, dass sich im Kontakt mit einem anderen Menschen etwas verkrampft, dann wiederhole glaubhaft und überzeugend das Mantra drei Mal still für dich, egal in welcher Sprache. Du wirst sehen, dass deine Besorgnis sich verflüchtigt wie der Tau auf dem Gras in der Morgensonne.«

Selbstverständlich hängen wir alle an seinen Lippen. Die Stille im Raum ist förmlich spürbar, und mit gespitzten Ohren warten wir auf die Fortsetzung. Ajahn Jayasaro beugt sich etwas vor, legt eine kurze Kunstpause ein, dann sagt er:

»Okay, seid ihr bereit? Hier kommt das magische Mantra:

Ich kann mich irren.

Ich kann mich irren.

Ich kann mich irren.«

Seit diesem Abend sind mehr als zwanzig Jahre vergangen, aber ich habe ihn nie vergessen. Du weißt sicher, wie es ist, wenn der Körper auf eine Wahrheit reagiert, sie erkennt, lange bevor der Verstand so weit ist. So etwas setzt sich. Und es bleibt.

Ich gebe gerne zu, wie schwer es mir fällt, mich an dieses Mantra zu erinnern, wenn ich es am nötigsten hätte. Aber *wenn* ich daran denke, funktioniert es immer. Es bringt mich jedes Mal weiter, denn es fördert eine demütigere und konstruktivere Haltung. Die Weisheit des Mantras ist zeitlos und sie gehört zu keiner speziellen Religion.

Ich kann mich irren. So einfach. So wahr. So leicht zu vergessen.

Einmal berichtete ich bei einem Vortrag, an dem auch meine Frau Elisabeth teilnahm, von dem magischen Mantra. Am nächsten Morgen hatten wir am Frühstückstisch irgendeine Kabbelei. Es ist mir peinlich, aber manchmal reagiert der Vierjährige in mir trotzig, und so wurde ich wegen irgendeiner unbedeutenden Kleinigkeit sauer. Ich *wusste* dabei von Anfang an, dass es absolut lächerlich war und dass es eigentlich keinen Grund für den Ärger gab, aber manchmal ärgern wir uns eben trotzdem, und es gelingt uns nicht, so leicht davon loszukommen, wie wir es gerne hätten. Zum Glück habe ich eine Frau, die ausgeglichener und emotional reifer ist als ich. Sie schlug also ruhig und mit einem Anflug von feinsinnigem Humor vor: »Björn, dieses Mantra, von dem du gestern erzählt hast – vielleicht wäre jetzt eine gute Gelegenheit, es anzuwenden?«

Ich saß schmollend mit der mürrisch vorgeschobenen Unterlippe des Vierjährigen auf der anderen Seite des Frühstückstischs und brummte: »Nein, heute nehme ich das andere Mantra: *Du* kannst dich irren!«

Klar, ich machte mich etwas über Elisabeth lustig. Und ich verstand durchaus ihre Anregung, die Situation mithilfe des Mantras zu entspannen. Aber es ist wahrhaftig nicht leicht, eine so demütige Haltung einzunehmen. Schon gar nicht in der Hitze des Gefechts! Gibt es auf dem gesamten Planeten ein einziges Ego, dem es stets ohne Weiteres gelingt zu sagen *»Ich kann mich irren«*?

Nein!

Haben wir Menschen Zugang zu etwas Größerem, zu etwas, das sich immer dessen bewusst ist, dass es sich irren *kann*?

Unbedingt!

Stell dir vor, wie die Welt aussehen könnte, wenn sich die meisten von uns meistens daran erinnern, dass wir uns irren können. Wie Gespräche verlaufen könnten.

Schon vor achthundert Jahren sagte der persische Sufi-Meister Rumi: »Jenseits von richtig und falsch gibt es einen Ort. Dort können wir einander begegnen.« Ich bin überzeugt, dass viele Menschen sich nach einem solchen Ort und nach solchen Begegnungen sehnen.

Ich erinnere mich an eine Situation in meinem Leben als Mönch, als ich in einem Kloster in England lebte. Ich nörgelte gerade wegen irgendetwas herum, als unser wunderbarer Abt Ajahn Sucitto mich ansah und sagte: *»Being right is never the point«*, »Es geht nicht darum, recht zu haben«.

Natürlich! Aber viele Dinge sind nun mal sehr tief in uns verwurzelt! Und niemand muss alles von Anfang an sofort können. Wir alle haben das Recht, zunächst etwas auszuprobieren. Und wenn es gut für unser eigenes Wohlbefinden ist, sind wir daran interessiert, es zu üben. Tatsächlich wirkt sich nur wenig positiver auf unser eigenes Wohlbefinden aus, als uns nach und nach an den Gedanken zu gewöhnen: *Ich kann mich irren, ich weiß vielleicht nicht alles.*

Wir sind häufig der Meinung, dass wir verstehen, was geschieht, dass wir Ereignisse und unser Umfeld richtig einschätzen. Dass wir Bescheid *wissen.* Dass wir beurteilen können, ob etwas richtig oder falsch, gut oder schlecht ist. Wir neigen zu der Ansicht, das Leben *müsste* genau so sein, wie wir es wollen – wie wir es geplant haben. Aber oft ist das nicht der Fall. Sogar eher selten. Es ist weise, nicht zu erwarten, dass das Leben sich so entwickelt, wie es das unserer Meinung nach tun sollte. Die Weisheit liegt darin, zu verstehen, dass wir keine Ahnung haben.

Vielleicht, vielleicht auch nicht

Eine meiner Lieblingsgeschichten ist ein chinesisches Märchen. Ich hörte es während einer weiteren Nachtmeditation mit unserem englischen Abt Ajahn Jayasaro. Wie immer bei den nächtlichen Meditationen nahmen viele Gemeindemitglieder teil. Einige von ihnen wohnten in den nahe gelegenen Dörfern, andere kamen von weither.

Ajahn Jayasaro war in Thailand sehr populär. Er hatte sein Leben als Mönch in einem jungen Alter begonnen, bereits zehn Jahre, ehe ich zu unserem Kloster kam. Er war nur fünf, sechs Jahre älter als ich, wurde aber in unseren Kreisen schon hoch angesehen und respektiert. Er hatte einige Bücher über den Buddhismus geschrieben, war ein beliebter Meditationslehrer und der Allgemeinheit war er durch Auftritte im Fernsehen bekannt.

Auch bei den Flugbegleitern von Thai Airways war er beliebt. Einige von ihnen flogen manchmal abends von Bangkok zu unserer kleinen Stadt, meditierten die ganze Nacht mit uns und nahmen am nächsten Morgen das Flugzeug zurück zur Arbeit. Vielleicht kannst du dir die Szenerie vorstellen: Fünfundzwanzig bis dreißig Mönche, alle im sexuell aktiven Alter, die aber in Enthaltsamkeit lebten. *Wirklich* in Enthaltsamkeit. Wir saßen auf einem kniehohen Podest an einer

Längsseite der Meditationshalle. Auf dem Boden schräg vor uns saßen acht bis zehn bildhübsche Flugbegleiterinnen von Thai Airways im Lotossitz.

Ich kämpfte wieder fortwährend intensiv gegen den Schlaf an und konnte den Gedanken nicht wegschieben, dass ich gerne einen klitzekleinen Blick auf die Flugbegleiterinnen werfen wollte. Nur ganz kurz. Der nächste Gedanke sagte natürlich: *Aber Björn, ein Mönch tut so was nicht. Komm schon, du kannst nicht nach Frauen schauen, wenn du meditieren sollst.* Aber in meinem Kopf argumentierte ich weiter, dass nicht *ich* es war, der das wollte. *Das war die Biologie. Die hatte schließlich dafür gesorgt, dass es die Menschheit überhaupt gab, dass die Menschen sich aus der afrikanischen Savanne weiterentwickelt hatten. Es war etwas Positives, Lebendiges, daran war nichts Falsches. Im Buddhismus musste sich niemand wegen seiner biologischen Triebe schämen. So etwas war nichts Seltsames. Es war ganz natürlich. Und wenn ich nur ganz kurz mal hinschaute, sodass es vielleicht niemand sah?*

Ich erlaubte mir einen blitzschnellen Blick in Richtung der Flugbegleiterinnen. Gutes Gefühl. *Das konnte niemand mitbekommen haben. Ob ich mir wohl noch einen etwas längeren Blick gönnen konnte?*

Die nächtliche Meditation ging langsam weiter. Viele Gemeindemitglieder saßen aufrecht in vollkommen ruhiger Körperhaltung da. Verzweifelt bemühte ich mich, nicht einzuschlafen. Um aufmerksam und wach zu bleiben, hielt ich unter anderem eine Nähnadel zwischen Daumen und Zeigefinger. Sie sollte mich wecken, sobald ich einzuschlafen drohte und die Muskelspannung nachließ. Die Nadel stach mich zwar, aber ich schlief dennoch weiter. Mit der Zeit war ich deshalb so verzweifelt, dass ich entschied, stattdessen im Gehen zu meditieren. Das war etwas leichter. Ich wechselte den Platz und ging ganz nach hinten, nur um festzustellen, dass ich in der Lage war, selbst im Stehen und beim Gehen einzuschlafen. Aufzuwachen, weil die Knie nachgegeben haben und man bereits fast auf dem Boden liegt, ist ein äußerst unangenehmes Gefühl.

Aber das ging nicht nur mir so. Ein oder zwei weitere unglückliche Mönchsseelen hatten dasselbe Problem. Zu ihnen gehörte ein amerikanischer Mönch, der mindestens so verzweifelt war wie ich. Er holte schließlich aus seiner Hütte ein Kleidungsstück, stellte sich im hinteren Teil des Saals neben eine Säule und knotete den Stoff um einen daran befestigten Ventilator, sodass eine herabhängende Schlaufe entstand, in die er seinen Kopf legte. So konnte er seine Meditation im Stehen fortsetzen, ohne zu Boden zu fallen.

Unter den Gemeindemitgliedern mochte ich eine Frau besonders gern. Sie war über achtzig Jahre alt, eine würdevolle, feine Frau. Als Unterstützerin des Klosters nahm sie immer an unseren nächtlichen Meditationen teil. Ihr Haar war zu einem großen silbrigen Knoten gebunden und ihr freundliches rundes Gesicht leuchtete förmlich. Sie sah aus, als sei sie auf halbem Weg zum Himmel. Wunderschön. Beeindruckend war, wie sie stets die Nächte hindurch saß – weich und mit kerzengeradem Rücken.

In jener Nacht verließ die Frau einmal die Meditationshalle, um zur Toilette zu gehen. Dabei kam sie hinten in der Halle an den Mönchen vorbei, die im Stehen und Gehen meditierten. Als sie zurückkam, schaute sie genauer hin.

Dann ging sie geradewegs zum Abt und kniete sich vor ihn. Beim Meditieren stört man einander nicht, daher war so etwas sehr ungewöhnlich. Aber sie tat es trotzdem und sagte mit leiser Stimme: »Entschuldige bitte, es tut mir sehr leid, dich zu stören, aber ich muss das tun, denn ich glaube, der amerikanische Mönch ganz hinten in der Halle ist dabei, sich das Leben zu nehmen.«

Um Mitternacht kamen die Novizen wie üblich mit den heißen Getränken. Der Kaffee munterte sogar mich etwas auf. Anschließend war es für unseren Lehrer endlich an der Zeit, sich zum Rednerplatz zu begeben. Die Situation kommt in etwa der Predigt in einer christlichen Kirche gleich. Viele von uns – einschließlich mir selbst – freuten sich sehr darauf. Ajahn Jayasaro war für mich ein Vorbild und eine unglaubliche Quelle der Inspiration. Sobald er zu sprechen anfing, wünschte ich, die Welt um uns möge innehalten, still werden. Ich wollte nichts von dem, was er sagte, verpassen.

Ajahn Jayasaro begann Thailändisch zu sprechen. Die Alltagssprache im Kloster war zwar Englisch, aber da zu den nächtlichen Meditationen immer viele Gemeindemitglieder kamen, mussten die Sitzungen auf Thailändisch abgehalten werden. Ajahn Jayasaro sprach sehr gut Thailändisch, und ich nutzte seine Vorträge oft, um meine Sprachkenntnisse zu verbessern. Als Engländer redete er etwas langsamer und deutlicher als die Thailänder.

In dieser Nacht erzählte er eine alte Geschichte aus China. Sie handelt von einem kleinen chinesischen Dorf, in dem ein kluger älterer Mann mit seinem erwachsenen Sohn lebt. Sie haben einen geschwätzigen Nachbarn.

Der kluge Mann und sein Sohn betreiben etwas Landwirtschaft, sie haben ein paar Reisfelder. Ein Arbeitspferd hilft ihnen. Eines Tages bricht das Pferd aus seiner Koppel aus und läuft zum Wald. Der geschwätzige Nachbar auf der anderen Seite des Zauns jammert.

»O nein! Gestern hattest du ein Pferd, jetzt hast du keins mehr! Wie sollst du das Feld bestellen ohne euer einziges Arbeitstier? Was für ein Unglück!«

Der kluge Bauer antwortet mit dem thailändischen Ausdruck *Mai nae*. Das bedeutet ungefähr: *»Das ist nicht sicher.«* Ich übersetze es gern mit *»Vielleicht, vielleicht auch nicht«*.

Einige Tage später kommt das Pferd von selbst aus dem Wald zurück. Es bringt zwei Gefährten mit, zwei Wildpferde. Alle drei laufen gehorsam auf die Koppel. Der Bauer schließt den Weidezaun und sieht, dass der geschwätzige Nachbar wieder zu ihm herüberschaut.

»Oh! Gestern hattest du gar keine Arbeitstiere und heute hast du drei Pferde – was für ein Glück!«

Der kluge Bauer antwortet ruhig:

»*Mai näääh*. Vielleicht, vielleicht auch nicht.«

Nach einer Weile wird es Zeit, die Wildpferde zu zähmen, sie einzureiten. Der Sohn übernimmt die Aufgabe. Aber schon bald fällt er so unglücklich von einem der Pferde herunter, dass er sich das Bein bricht. Wieder der geschwätzige Nachbar:

»O nein! Dein einziger Sohn, der Einzige, der dir hier auf dem Hof hilft. Jetzt hat er sich ein Bein gebrochen und kann dir nicht mehr zur Hand gehen. Was für ein Unglück!«

Der Bauer antwortet:

»Vielleicht, vielleicht auch nicht.«

Einige Zeit später sieht man die Wimpel der kaiserlichen

Armee über dem Hügel flattern. Sie bewegen sich auf das Dorf zu. Streitigkeiten mit der Mongolei sind in den Grenzgebieten aufgeflammt, und alle Männer im wehrfähigen Alter werden als Soldaten verpflichtet, um gegen die Mongolen zu kämpfen. Außer natürlich der Sohn des Bauern, denn der hat schließlich ein gebrochenes Bein und darf im Dorf bleiben. Wieder taucht der geschwätzige Nachbar auf:

»Denk nur! Alle anderen mussten sich von ihren Söhnen trennen, von denen viele nicht wiederkommen werden. Aber du konntest deinen Sohn behalten. Was für ein Glück!«

Der Bauer erwidert:

»Vielleicht, vielleicht auch nicht.«

Der Bauer hängt solchen Gedanken, die bewerten, ob das, was im Leben geschieht, gut oder schlecht ist, nicht an. Mit Überzeugungen etwas gelassener umzugehen, ist sowohl Freiheit als auch ein Zeichen von Weisheit. Wir können viel gewinnen, wenn wir uns bewusst machen, wie wenig wir über die Zukunft wissen; wenn wir sorgfältig das, was wir *glauben,* von dem, was wir *wissen,* unterscheiden. Selten habe ich jemand sagen hören: »Alles ist genauso gekommen, wie ich es mir vorgestellt habe.« Ich stelle vielmehr fest, dass das Allermeiste von dem, was mich persönlich in meinem Leben beunruhigt hat, nicht eingetroffen ist. Aber die Dinge, die tatsächlich geschehen sind, habe ich überhaupt nicht vorhergesehen.

Spuk, Askese und Trauer

In der Waldtradition versuchen Mönche und Nonnen, so gut es geht, im Wald und im Dschungel zu leben. Aber zugleich sind sie völlig abhängig von anderen Menschen, um die nötige Nahrung zu bekommen. Das wiederum bedeutet, dass sie nicht allzu weit entfernt von Siedlungen leben können. Aus diesem Grund liegen die meisten Klöster in der Nähe von Dörfern. Als besonders geeignet gilt ein Ort in der Nähe eines Einäscherungshains, weil der Wald dort oft besonders gut gepflegt wird. Unser Kloster hatte eine solche Lage.

Der Einäscherungshain ist der Ort, wo die Toten eines thailändischen Dorfs verbrannt werden. Einmal im Monat oder öfter stellen die Dorfbewohner einen großen offenen Sarg auf eine zu diesem Zweck angelegte Erhöhung. Unter dem Sarg entzünden sie ein Feuer und sehen zu, wie der Leib langsam verbrennt. Ich war viele Male Zeuge dieser Zeremonie, was dazu beitrug, dass der Tod für mich zu einem relativ natürlichen und präsenten Teil des Lebens wurde.

Neben der schönen Lage kommt einem Kloster in der Nähe eines Einäscherungshains zugute, dass sich viele Thailänder vor Spuk und Gespenstern fürchten, besonders bei Dunkelheit. Die Dorfbewohner glauben, dass es in der Nähe von Feuerbestattungsstätten häufig spukt. Für das Kloster und seine Bewohner bringt das automatisch eine gewisse Zurückgezogenheit mit sich.

Eine Situation ist mir lebhaft in Erinnerung geblieben. Wir waren wie gewöhnlich im Februar aufgebrochen, um im kühleren Hochlanddschungel an der Grenze zu Birma der sengenden Hitze im nordöstlichen Thailand zu entkommen. Außerhalb von Kanchanaburi hielt der Bus in einem Dorf, dessen Bewohner uns schon unruhig erwarteten. Offenbar wurden sie nachts von schrecklichen Schreien von Geistern wach gehalten, die auf Englisch schrien. Seit dem Zweiten Weltkrieg gibt es nämlich im Dorf ein Massengrab, in dem viele alliierte Soldaten liegen. Sie kamen als Kriegsgefangene beim Bau der Eisenbahnstrecke, der »Eisenbahn des Todes«, sowie beim Brückenbau über den Fluss Kwai ums Leben. Wir, gut zwanzig Waldmönche, die meisten davon aus dem Westen, stellten uns im Kreis auf das Massengrab und stimmten traditionelle Gesänge in der Schriftsprache Pali an, die Worte Buddhas sowie Segnungen enthielten. Dann sprach unser Abt Ajahn Jayasaro die Geister direkt auf Englisch an: »Wir kommen in Frieden. Hier gibt es nichts mehr für euch zu tun. Es ist an der Zeit weiterzuziehen. Geht in Frieden.«

Aus irgendeinem Grund war das alles, was nötig war. Es funktionierte. Die Geister verstummten, und die Dorfbewohner konnten in Frieden weiterleben.

Nie habe ich mich mehr als Teil der Natur gefühlt als jedes Jahr während der zwei Monate im Dschungel des Hochlands. Wenn der Bus irgendwann nicht weiterfahren konnte, wanderten wir noch zwei Tage bis zu unserem Ziel. Eine Gruppe birmanischer Gastarbeiter hatte für uns im Dschungel einige

Bambushütten gebaut. Sie lagen so weit verstreut, dass man von seinem Platz die anderen weder sah noch hörte.

Nachts trennte mich allein das Moskitonetz vom Dschungel. Ich hörte die Insekten auf dem dünnen Dach entlanglaufen, die Zikaden im Laub. Manchmal, wenn ich dort saß und meditierte, fühlte ich mich wie ein Fleischkloß auf einem Teller, und wartete nur darauf, dass etwas mich auffressen würde.

Ein holländischer Mönch hatte eines Abends am Fluss eine Begegnung mit zwei Tigern. Zum Glück hatten sie schon gefressen. Zu Tode erschreckt rannte er weg. Später wurde über den fliegenden Holländer gescherzt. Ich selbst hörte eines Nachts ein krachendes Geräusch, drehte mich aber einfach um und schlief weiter. Am nächsten Morgen entdeckten wir an der Biegung des Flusses, nur zwanzig Meter von meiner Pritsche entfernt, jede Menge frische Elefantenspuren.

Einmal wurden wir im Hochlanddschungel nach der Mahlzeit gebeten mitzuhelfen, eine gewaltige Buddha-Statue aus Messing auf einen Hügel zu bringen. Dort war eine kleine Pagode gebaut worden. Jemand hatte einen Landrover mit einer Seilwinde. Ein anderer hatte Rundhölzer ausgelegt, um die Statue darauf zu rollen. Die Birmanen packten an. Die Thailänder halfen ihnen, darunter auch viele Mönche, aber einige von uns aus dem Westen traten aufgrund des großen Durcheinanders zurück. Wir standen gestikulierend da und machten Vorschläge, wie sich die Aufgabe am besten und schnellsten lösen ließe. Unser Abt Ajahn Jayasaro legte mir nach einer Weile die Hand auf die Schulter. »Wichtig ist nicht, wie effektiv wir das hier durchziehen, Natthiko, sondern wie sich hinterher alle fühlen.«

Morgens stiegen wir für eine kurze Almosenrunde im Tal

von unserem Berg herunter. In den Baumwipfeln sangen die Gibbons ihre langgezogenen Lieder und der halbzahme Nashornvogel stand schon bereit und wartete auf unsere Essensreste. Das Dorf war arm, daher war unsere tägliche Mahlzeit in diesen Wochen sehr einfach. Manchmal gab es kaum mehr als Reis, Bananen und vielleicht auch mal Sardinen aus der Dose. Das Dasein war in vieler Hinsicht noch extremer als in unserem normalen Kloster, und nie zuvor war ich gezwungen gewesen, mir so unerbittlich selbst zu begegnen. Aus diesen Erfahrungen schöpfe ich für den Rest meines Lebens Freude.

In meinem zweiten Jahr als Mönch entschied ich mich, als einziger Westler in einem überaus armen Waldkloster an der Grenze zu Kambodscha zu leben. Dann und wann hörten wir in der Ferne Explosionen. Oft war in einem solchen Fall eine Kuh oder eine Ziege auf eine Mine getreten.

Ajahn Chah hat einmal gesagt: »*Waldmönch zu sein, bedeutet, sich stetig im Loslassen zu üben und dabei zu neunzig Prozent zu scheitern.*« Daran wurde ich Tag für Tag erinnert, besonders bei den Mahlzeiten. Nach der Almosenrunde, wenn die warmen Gerichte an Abt Ajahn Banjong übergeben worden waren, schüttete er alles zusammen in einen einzigen großen Eimer. Dort schwammen Stücke von Büffelfleisch (eventuell noch mit einem Stückchen Fell daran) neben Hühnchen in Erdnusssoße und sonnengetrocknetem Fisch. »Ach was, Essen ist Medizin«, fand Ajahn Banjong. »Für euch junge Mönche ist es gut, eure Vorlieben beim Essen hinter euch zu lassen.«

Wie du dir vorstellen kannst, habe ich in jenem Jahr sehr viel Obst gegessen.

Während der dreimonatigen Regenzeit konzentrierten wir uns noch intensiver als sonst auf die Meditation. Ajahn Banjong wies uns an, bei der Morgenmeditation eine Streichholzschachtel auf den Kopf zu legen. Wenn sie jemandem öfter als zweimal runterfiel, bekam derjenige an dem Tag nur Reis zu essen. Für eine notorische Schlafmütze wie mich war das eine riesige Herausforderung. Aber bis auf einmal bekam ich in dieser Regenzeit mehr als nur Reis in die Schale. Natürlich half mir dabei, dass ich ein grobes Stück Stoff auf eine Seite meiner Streichholzschachtel geklebt hatte, und außerdem lernte ich, mit zwar weit vorgebeugtem Oberkörper, aber dennoch hochgerecktem Kinn zu schlafen.

In meinem vierten Jahr als Mönch bot sich mir erneut die Möglichkeit, für ein Jahr in einem thailändischen Kloster ohne andere Mönche aus dem Westen zu leben. Ich ergriff diese Gelegenheit. Das Kloster lag in der Nähe des Flughafens von Bangkok. Als es entstand, war es ringsum ausschließlich von Reisfeldern umgeben, aber als ich zehn Jahre später dorthin kam, war das Kloster umringt von Reihenhausanlagen. Aus meiner einfachen Hütte konnte ich unmittelbar in die Küche des nächstgelegenen Reihenhauses sehen. Sogar in den Kühlschrank, wenn er geöffnet wurde. Die beschlagenen Flaschen Singha-Bier sahen ziemlich gut aus.

In diesem Jahr nahm in meiner Brust eine immer stärker werdende wortlose Traurigkeit zu. Ich hatte keine Ahnung, woran das lag, ob es einen Grund für die Traurigkeit gab. Ich versuchte, ihr nachzuspüren. Ich versuchte, die Traurigkeit zu akzeptieren, mit ihr zu sprechen. Ich versuchte, geduldig mit ihr zu sein. Aber nichts schien zu helfen. Sie saß mir auf der Brust und saugte die Freude aus meinem Leben.

Eines Tages, nach der Teestunde, spürte ich, dass es nicht mehr ging. So konnte ich nicht weitermachen. Es fühlte sich so an, als würde ich nie wieder froh werden. Ich ging also zurück in meine kleine Hütte, hängte sorgsam die Robe auf, entzündete etwas Räucherwerk und kniete mich vor meinen Bronze-Buddha. Ich legte die Handflächen vor der Brust zusammen und sagte kurz im Stillen zur Buddha-Statue: »Das hier schaffe ich nicht. Das hier ist größer als ich. Ich fühle mich vollständig hilflos. Hilf mir.« Dann begann ich mich zu verneigen. Immer wieder.

Ganz langsam kam die Traurigkeit in Bewegung. Ich leistete keinen Widerstand, sondern ließ mich von der Traurigkeit überwältigen. Die Tränen begannen zu fließen. Erst zögerlich, dann immer stärker. Der ganze Körper stöhnte, schüttelte sich, die Tränen strömten nur so hinab. Ich verneigte mich immer weiter. Nach einer Weile ließ das Weinen nach, und ich nahm wahr, dass ein Teil von mir angesichts dieser Explosion von Traurigkeit gesammelt und neugierig war. Schließlich ebbte das Weinen ganz ab und ich sah mich wie mit neuen Augen um. Alles war wieder ein bisschen von dem Schimmer umgeben, so wie ich es vor vielen Jahren als Kind bei den Großeltern in Karlskrona erlebt hatte. Ein Gefühl von Gewahrsein machte sich bemerkbar. Ich fühlte mich ruhig. Verwundert stellte ich fest: Die Begegnung mit meiner eigenen Hilflosigkeit war der Schlüssel, der die Tür zur Freude wieder aufgeschlossen hatte.

Freiwilliges psychisches Leiden

In der Mehrzahl der Fälle bürden wir uns psychisches Leid selbst auf. Das ist eine der größten Erkenntnisse Buddhas und essenziell für die menschliche Entwicklung. Sie gilt für uns alle und bezieht sich auf etwas vollkommen Natürliches, das ich schon mehrfach angesprochen habe: Wir glauben häufig Gedanken, die uns nicht guttun. Gedanken, die es mühsam, schwer und leidvoll machen, wir selbst zu sein.

Irgendwie, ob bewusst oder unbewusst, wissen wir, dass unsere eigenen Gedanken vieles von dem verursachen, was in unserem Leben leidvoll ist. Meistens entsteht unser psychisches Leid nicht durch Dinge, die in der äußeren Welt geschehen, sondern durch das, was in unserem *Inneren* passiert – die Gedanken, die kommen und gehen und denen wir glauben oder nicht. Psychisches Leid keimt, lebt, wuchert und gedeiht in unseren Gedanken. Solange wir es zulassen.

Die Erkenntnis, dass wir unser psychisches Leid selbst verursachen, bedeutet keineswegs, dass es weniger schmerzhaft ist. Aber es einzusehen, kann uns helfen, diesbezüglich eine bestimmte innere Haltung zu entwickeln. Genau das meine ich, wenn ich sage: Glaub nicht alles, was du denkst!

Diese Einsicht kann anstrengend sein, denn sie erfordert eine demütige Haltung. Wir können nicht länger alles auf andere Menschen oder auf die Umstände schieben. Andererseits weckt die Einsicht auch unser Interesse: Wie können wir uns gegenüber unseren eigenen Gedanken und Gefühlen so verhalten, dass wir uns selbst nicht so viel psychisches Leid zufügen?

Eine Ebene des menschlichen Bewusstseins neigt dazu, alles auf andere zu schieben: »*Wenn meine Eltern anders gewesen wären*«, »*Wenn die auf der Arbeit sich nicht so blöd verhalten hätten*«, »*Wenn die Politiker klügere Entscheidungen getroffen hätten …*« Solche Gedanken sind völlig natürlich. Sie sind ein grundlegender Teil des Egos. Wenn das Leben schwer für uns ist, wenn wir psychischen Druck verspüren, dann ist es leichter und weniger kränkend, alles auf die anderen zu schieben. Doch selbst wenn es unbequem ist, wird es irgendwann unbedingt nötig, uns selbst die Frage zu stellen: »Gibt es etwas, was *ich* jetzt für mich tun kann, damit es mir in dieser Situation nicht so schlecht geht?«

Die Welt kann sich drehen, soviel sie will. Kein anderer und nichts anderes muss sich ändern, damit es uns leichter fällt, mit uns selbst zurechtzukommen. Denn wenn wir traurig sind, einsam, voller Sorgen oder uns unter Druck fühlen, uns als klein und unzulänglich empfinden, dann halten wir häufig an einem Gedanken fest und weigern uns, ihn loszulassen. Oft ist er plausibel. Oft ist er mit einem »Müsste« oder »Sollte« verbunden: »*Das hätte Vater nicht tun sollen*«, »*Mutter hätte das nicht sagen sollen*«, »*Das Kind hätte sich darum kümmern müssen*«, »*Der Chef hätte es begreifen müssen*«, »*Mein Partner sollte etwas anderes tun, sagen, denken, anders sein*«.

Und was am meisten wehtut, sind Gedanken wie: »Ich hätte anders sein sollen oder müssen«, »Ich sollte/müsste klüger sein, fleißiger, reicher, tüchtiger, schlanker, reifer«. Die Aufzählung lässt sich ewig fortsetzen.

Wir können aber auch ruhig zur Seite treten und mit einem Lächeln sagen:

Danke für dein Feedback. Ich melde mich.

Wie viel Pepsi kann ein Eremit trinken?

In meinem siebten und letzten Jahr in Thailand lebte ich als Eremit. Meine Eltern kamen wie immer im Februar zu Besuch. Gemeinsam reisten wir nach Chanthaburi, wo sie mich auf einen Berg im Nationalpark begleiteten. Wir wanderten zwanzig Minuten, dann erreichten wir den Platz, an dem ich das nächste Jahr wohnen würde – eine sechs Quadratmeter große, heruntergekommene, halb verrottete und undichte Bambushütte mitten im Dschungel. Innen konnte man kaum aufrecht stehen und die letzten Monsunregenzeiten hatten der Hütte ordentlich zugesetzt. Mein Vater wirkte nachdenklich, aber klug, wie er war, sagte er nichts.

Am Nachmittag kehrten wir ins Hotelzimmer meiner Eltern zurück. Meine erste warme Dusche seit zwei Jahren! Ich genoss sie unbeschreiblich. Dann war es Zeit, mich auf den Weg zu machen, um die erste Nacht in meinem neuen Zuhause zu verbringen. Über Thailand hatte gerade ein Sturm gewütet, und ehe ich aufbrach, fiel im Hotel der Strom aus. Als ich den Dschungel am Fuß des Berges erreichte, war es fast ganz dunkel. Es goss in Strömen. Aus irgendeinem Grund streikte meine Taschenlampe. Rings um mich herum hörte ich, wie der Wind an den Baumwipfeln zerrte und wie immer wieder große abgestorbene Äste zur Erde fielen. Mir war klar, dass der Boden voller Schlangen sein musste, genauso verängstigt und schreckhaft wie ich. Dann räusperte ich mich und bewegte mich Schritt für Schritt auf dem kaum sichtbaren Waldweg vorwärts. Dabei sang ich laut Buddhas Verse zum Schutz gegen Schlangen.

Was früher am Tag ein zwanzigminütiger Spaziergang gewesen war, dauerte nun fast eine Stunde. Aber schließlich erreichte ich durchnässt und zerkratzt meine Hütte. Ich fühlte mich gleichzeitig freudig erregt und innerlich ruhig. Ich zündete eine Kerze neben der Buddha-Statue an und verneigte mich.

Nach einem halben Jahr in der Einsiedlerhütte starb einer der Männer im Dorf unterhalb des Nationalparks. Ich hatte meine tägliche Mahlzeit ein paarmal pro Monat unten im Dorf verzehrt und in meinem schlechten Thailändisch über den Buddhismus gesprochen. So hatten wir uns kennengelernt und waren uns sympathisch geworden. Der Mann hatte testamentarisch eine üppige zweckgebundene Summe zur Renovierung meiner Einsiedlerhütte festgelegt. Nonnen und Mönche, die dort eine Zeit lang lebten, sollten einem seiner letzten Wünsche zufolge eine bessere Hütte zum Wohnen vorfinden. Sein Geschenk freute mich ungemein. Ich hoffe, dass es ihn noch mehr freute.

Ich durfte die neue Hütte selbst entwerfen. Der größte Luxus waren Moskitonetze vor den Fenstern, eine Raumhöhe, die es einem erlaubte, aufrecht zu stehen, und ein zehn Schritte langer überdachter Pfad für die Gehmeditation.

In der Waldtradition rasierten wir uns zwei Mal im Monat

den Kopf, bei Neumond und bei Vollmond. Meistens rasierten wir uns gegenseitig, aber als Eremit musste ich das natürlich allein tun. Meine Eltern hatten mir nun einen praktischen Kulturbeutel mit Haken geschenkt, den ich an einem Ast über dem Bach aufhängte. An der ausgeklappten Tasche befestigte ich mit Klettverschluss einen kleinen Spiegel. Dann hockte ich mich neben den Bach, seifte mir den Kopf ein und fing an, mich mit dem Rasiermesser zu rasieren.

Dieses Mal betrachtete ich mein Spiegelbild lange. Wie immer war es zwei Wochen her, seit ich es zum letzten Mal gesehen hatte, und ich sah besonders kritisch hin. Die groben Poren an Wangen und Nase hatten mir noch nie gefallen, ebenso wenig die unebene rötliche Haut, ein Überbleibsel der Pickel im Teenageralter. Ich hätte gern so eine glatte Haut wie die Thailänder gehabt. Und die Nase, hatte die am Ende nicht so eine komische kleine Krümmung?

Wie du dir vorstellen kannst, hatte ich in diesen Monaten sehr viel Zeit. Zeit, um meinen eigenen Gedanken nachzugehen. Und als ich so dasaß und mein Gesicht kritisch untersuchte, flüsterte etwas in mir: »*Merkwürdig … Ich fühle mich viel schöner, als ich tatsächlich aussehe.*« Ja, ganz genau. Innere Schönheit. Ich hatte sieben Jahre lang ein ethisch untadeliges Leben geführt. Nicht einmal einer Ameise hatte ich absichtlich geschadet. Ich hatte nichts getan und nichts gesagt, was mein Gewissen belastet hätte. Durch die Meditation war ich als Mensch viel achtsamer geworden. Und ich hatte vieles von dem gestärkt, was in uns Menschen am schönsten ist: Eigenschaften wie Großzügigkeit, Empathie, Geduld und Mitgefühl. So war ich innerlich schöner geworden.

Unterhalb des Berges, auf dem meine Einsiedlerhütte lag, befand sich ein kleines Dorf mit nur einer Straße. Die Dorfbewohner, die mir auf meiner Almosenrunde jeden Tag Essen schenkten, wurden natürlich meine Freunde. Nach einer Weile entwickelte sich ein Ablauf, der sich regelmäßig wiederholte. Die Bewohner wollten nämlich herausfinden, was ich gerne aß, während ich ein guter Waldmönch sein und keine Vorlieben ausdrücken wollte. »*Alai godai!*«, »Alles ist willkommen!«, antwortete ich in dem einzigartigen thailändischen Tonfall, den ich so gerne mag.

Nach der Mahlzeit wusch ich meine Almosenschale in der Lagune nahe bei meiner Hütte. Mit den Resten fütterte ich die Fische. Schwamm eine Weile. Von einem kleinen Wasserfall ließ ich mir den Rücken massieren, während kleine Fische abgestorbene Haut an Beinen und Füßen abknabberten.

Das war das glücklichste Jahr meines Lebens. Woran es lag, habe ich noch immer nicht recht begriffen. Vielleicht stimmt es, was mir mein Lehrer Ajahn Jayasaro in jenem Jahr auf einer Ansichtskarte schrieb:

»*It seems to me, the more refined forms of happiness are characterised by the absence of things, rather than the presence of things*«, »Mir scheint, die veredelten Formen des Glücks werden eher durch die Abwesenheit von Dingen charakterisiert als durch das Vorhandensein von Dingen«.

Die Tage wurden zu Wochen, die Wochen zu Monaten und die Monate zu einem Jahr. Langsam wuchs in mir ein Wunsch heran. Es war an der Zeit, nach Europa zurückzukehren, zum ersten Mal seit sieben Jahren. Ich hatte von einem Kloster im südlichen England erfahren, das auch zur Waldtradition gehörte. Dort gab es einen sehr weisen Lehrer – *und Nonnen*!

Außerdem war ich schon immer leicht anglophil, sodass die Entscheidung für England mir leichtfiel. Die geringere Entfernung zu meiner Familie kam mir ebenfalls gelegen.

Am Ende des Eremitenjahrs entschloss ich mich zu einer letzten Pilgerfahrt, bevor ich nach Europa umzog. Meine Zeit in Thailand so zu beenden, schien mir eine gute, bedeutungsvolle Sache zu sein. Als Geste der Dankbarkeit für alles, was mir zuteilgeworden war, und als Geschenk für meinen Lehrer legte ich die fünfhundert Kilometer zu meinem Heimatkloster zu Fuß zurück.

Die Wanderung war eine kleine Herausforderung. Fünfhundert Kilometer mit all meinen Besitztümern auf dem Rücken. In Plastiksandalen. Ohne Geld. Da galt es darauf zu vertrauen, dass ich unterwegs freundlich gesinnten Menschen begegnen würde.

Ich wanderte nicht durch grüne Wälder oder wunderbaren Dschungel, wie man vielleicht annehmen würde. Auch in Thailand sind die meisten Wälder abgeholzt. Viele der noch vorhandenen Wälder sind Monokulturen. Das macht es schwierig, in der Natur zu laufen, ja, überhaupt solche Abschnitte zu finden. Deshalb wanderte ich hauptsächlich auf Landstraßen. Oft hielt ein Dutzend Autos am Tag an und ein freundliches Gespräch konnte etwa so ablaufen:

»Oh, cool, jemand, der wie in der guten alten Zeit lebt. Können wir dir helfen? Können wir dich irgendwohin fahren?«

»Nein danke, ich habe gelobt, den ganzen Weg zu Fuß zu gehen.«

»Können wir dir etwas Geld geben?«

»Nein, ich bin Waldmönch, wir benutzen überhaupt kein Geld.«

»Ja, aber irgendetwas werden wir doch für dich tun können? Können wir dir etwas Essen geben?«

»Nein, danke. Wie ihr bestimmt wisst, essen wir in der Waldtradition nur ein Mal am Tag, und heute habe ich schon gegessen.«

»Aber irgendetwas muss es doch geben; dürfen wir dir nicht irgendetwas Gutes tun?«

»Ja … hättet ihr vielleicht eine Pepsi-Cola?«

Und so zog ich weiter, einen Kilometer nach dem anderen, mit acht bis neun Dosen Pepsi im Blut, und überlegte, ob Buddha das tatsächlich so gemeint hatte, als er vom heiligen Leben sprach.

Nach einigen Tagen begann es kräftig zu regnen. Ich suchte Schutz in einem kleinen Lebensmittelladen an der Straße. Der Fußboden bestand aus festgestampfter Erde. Ich erblickte einen Limonadenkasten und setzte mich. Plötzlich herrschte Aufregung unter den Menschen im und vor dem Geschäft. Ein westlicher Waldmönch war in dieser Gegend ein ungewöhnlicher Anblick. Nach und nach stellten die Leute mir jede Menge Fragen.

»Seit wann bist du schon Mönch?«

»Seit sieben Jahren.«

»Okay. Wie lange bist du zur Schule und zur Universität gegangen?«

»Tja, das waren insgesamt wohl sechzehn Jahre.«

»Wie viele Geschwister hast du?«

»Ich habe drei Brüder.«

Nach und nach kristallisierte sich für mich in den Fragen ein Muster heraus. Zum Teil notierten die Leute alle Antworten, zum Teil bestanden die Antworten jeweils aus Zahlen.

Irgendetwas war daran komisch. Dann hatte ich es: *Morgen werden die Lottozahlen gezogen!* Unter den Thailändern ist der Glaube verbreitet, meditierende Waldmönche und -nonnen hätten eine Verbindung zum Übernatürlichen.

Nach einer halben Stunde hörte es auf zu regnen, und ich konnte meinen Weg fortsetzen. Bald darauf begegnete ich einem ganz in Weiß gekleideten feinen alten Mann. Ich konnte mich nie richtig an die Ehrbezeugungen gewöhnen, mit denen die Thailänder uns Mönchen begegneten, und wenn sie von älteren Menschen kamen, wurde es noch absurder. So war es auch dieses Mal, als der alte Mann auf mich zukam und sagte: »Oh, es ist eine unerhörte Ehre für mich, einem ehrwürdigen, respektablen Waldmönch zu begegnen. Hat der ehrenwerte Waldmönch letzthin interessante Träume gehabt? Kamen möglicherweise in einigen von ihnen Zahlen vor?«

Die Mischung aus Respekt und Eigeninteresse war wirklich herrlich!

Zu einem späteren Zeitpunkt begegnete ich auf meiner Wanderung einem energievollen jungen Mann auf einem Motorrad. Als er mich sah, hielt er an und begann ein Gespräch.

»Wow! Ein Waldmönch aus dem Westen. So jemanden habe ich noch nie getroffen. Ich fahre dich, wohin du willst.«

»Danke, aber weißt du, das hier ist für mich wie ein spirituelles Training. Ich habe mir selbst gegenüber ein Gelöbnis abgelegt, kein Fahrzeug zu nutzen, sondern den ganzen Weg bis zu meinem Kloster zu Fuß zurückzulegen.«

»Ach so. Aber hör mal, in der letzten Zeit habe ich ein paar Dummheiten gemacht. Ich muss was für ein besseres Karma tun. Darf ich dich nicht wenigstens bis zur nächsten Stadt fahren?«

»Sorry, das geht nicht. Da würde ich ja mein Gelübde brechen.«

Da sah er mich an und sagte:

»Ist das nicht ein bisschen egoistisch?«

Ich lachte nur. Aber er gab nicht auf, sondern setzte noch einen drauf:

»Komm schon. Hundert Meter? Das kann doch nicht so schwer sein. Darf ich dich nicht mal hundert Meter mitnehmen?«

»Nein, leider nein, dann würde ich ja mein Gelübde brechen …«

Er schwieg einen Moment. Dann fragte er:

»Aber kannst du mal ein bisschen Gas geben?«

»Aber sicher!«

Ich trat an sein Motorrad heran, griff nach dem Gashebel und gab eine Weile Gas.

»Danke! Tschüs!«

So konnte thailändischer Volksbuddhismus auf der Straße aussehen.

Geballte Faust, geöffnete Hand

Nach sieben Jahren in Thailand war ich es etwas müde, fast nur mit Männern zu leben. In den dortigen Klöstern gab es nur sehr wenige Frauen. Leider stehen den Frauen im Buddhismus – genauso wie in den meisten anderen Weltreligionen – nicht dieselben Möglichkeiten offen wie den Männern. Die Voraussetzungen sind beim Buddhismus vielleicht einen Hauch besser als bei anderen Glaubensgemeinschaften, aber sie sind dennoch nicht gut. Der zynische Teil von mir findet, dass die großen Weltreligionen offenbar mehr oder weniger das Ziel verfolgen, das Weibliche zu unterdrücken. Das ist äußerst tragisch.

Die buddhistische Waldtradition, zu der ich gehörte, hatte im Zuge ihrer weltweiten Expansion – wie bereits erwähnt – einen Orden mit Nonnen gegründet, dessen Zentrum in England lag. Dort gab es ein Kloster, in dem auch Nonnen lebten. Es war zwar nicht perfekt, aber immerhin etwas. Einige dieser Nonnen (und Mönche aus demselben Kloster) hatte ich kennengelernt, als sie in Thailand zu Besuch waren, und ich mochte sie sehr. Mönche und Nonnen, Seite an Seite lebend, wurden als etwas Positives empfunden, und ich fand es auch irgendwie selbstverständlich. Etwas kam ins Gleichgewicht, wenn Männliches und Weibliches gleichwertig nebeneinander bestand. Ich zog also nach England um, zum Teil aus dem vielleicht nicht sehr mönchgemäßen Grund, dass ich Nonnen mag.

Einige der Nonnen in England wurden mir ausnehmend gute und wertvolle Freundinnen. Eine von ihnen war Ajahn Thaniya, eine neuseeländische Nonne, sehr klein von Gestalt, aber mit einer großen inneren Kraft. Sie ist eine der drei herzensklügsten Menschen, die mir in meinem ganzen Leben begegnet sind. Sie brauchte nicht zu fragen, wie es mir geht, sie musste mich nur ansehen, dann wusste sie es.

Noch etwas hatte mich an diesem englischen Kloster gereizt. Das war der Abt, Ajahn Sucitto. Er hat ein Buch geschrieben und illustriert, in dem er Buddhas ersten Vortrag brillant analysiert. Wir hatten uns schon in Thailand kennengelernt, wohin er im Winter oft reiste. Noch heute steht er mir sehr nahe, ist er einer meiner wichtigsten Freunde.

Ajahn Sucitto zeichnet das aus, was einen überaus guten Lehrer, Mentor und auch Freund ausmacht – ein unfehlbares Gespür für ein gelungenes Timing. Er findet immer das richtige Wort für die richtige Person zur richtigen Gelegenheit, und das mit sehr viel Liebe. Von einem solchen Menschen lässt man sich gerne etwas sagen, selbst wenn der Inhalt für einen selbst heikel ist.

In England bekamen wir Frühstück *und* Lunch, wofür ich sehr dankbar war. An ein Frühstück im Kloster kurz nach meinem Umzug dorthin erinnere ich mich besonders gut. Mehr als fünfzig Menschen – Mönche, Nonnen und Gäste – aßen zusammen. Mit vielem Wenn und Aber wurden in einem mühsamen Prozess die anstehenden Aufgaben verteilt. Es gab an diesem Tag viel zu tun: Wer sollte das Essen zubereiten, wer den Abwasch erledigen, wer sollte den Rasen mähen, wer würde sich um die Blumen kümmern, wer würde die kranke Nonne zum Krankenhaus, wer den Mönch zum Zahnarzt fahren, wer sollte den Traktor reparieren, wer würde Holz holen, hacken und es schließlich in den Holzschuppen räumen?

Mich störte das Hin und Her. Generell war das Putzen und Aufräumen in England meines Erachtens nicht so gut organisiert. Ich kam aus dem Ur-Kloster in Thailand! Ich wusste, wie es in einem richtigen Waldkloster lief! In England konnte es etwas nachlässig und chaotisch zugehen, womit ich als seriöser Waldmönch wirklich nicht einverstanden war! Ich saß also noch eine Weile da und dachte ärgerlich, dass die Abläufe dem Geist eines Waldklosters nicht entsprachen. Es wurde meiner Meinung nach nicht gut genug und zu wenig achtsam gepflegt. Die Anwesenden schlenderten aus dem Saal und am Ende saßen nur noch mein Lehrer Abt Sucitto und ich dort. In dem Augenblick machte ich höchstwahrscheinlich die verkniffenste Miene von ganz West Sussex. Ajahn Sucitto betrachtete mich milde. »*Natthiko, Natthiko. Chaos may rattle you, but order can kill you*«, »Das Chaos mag dich aus dem Konzept bringen, aber Ordnung kann dich umbringen«.

Absolut richtig. Wieder hatte ich die Hand zu fest zur Faust geballt. Hatte gedacht, ich wüsste, wie die ganze Welt aussehen müsste. Und wenn sie dem nicht entsprach, dann verkrampfte ich mich. Ich fühlte mich klein, bedrückt, einsam, und meine Gedanken bedrängten mich und kreisten unablässig um das Wort *müsste*.

Wenn du dich darin wiedererkennst und es dir manchmal auch so geht, dann probier doch einmal die folgende Handbewegung aus: Balle die Hand fest zur Faust und rolle die Finger dann auf zur offenen Hand. Ich würde mir wünschen, dass du das in Erinnerung behältst. Ich verwende bei meinen Vorträgen und Meditationen oft diese Geste, denn sie umfasst so viel von dem, was ich vermitteln möchte. Sie ist einfach, aber sie illustriert sehr gut, wie wir etwas loslassen können, das wir zu stark festhalten: Dinge, Gefühle, Überzeugungen. Balle die Hand kräftig zur Faust und öffne sie dann langsam zur offenen Hand.

Ich wünsche dir, dass du etwas weniger mit einer geballten Faust und dafür etwas mehr mit einer geöffneten Hand leben kannst. Mit etwas weniger *Kontrolle*. Etwas mehr *Vertrauen*. Mit etwas weniger: *Ich muss alles im Vorhinein wissen.* Mit etwas mehr: *Kommt Zeit, kommt Rat.* Das tut uns allen so gut. Das Dasein muss nicht von der ständigen Unruhe geprägt sein, ob alles wohl auch so kommen wird, wie wir es wollen. Wir müssen uns nicht kleiner machen, als wir sind. Wir *können* entscheiden. Wollen wir das Leben im Würgegriff packen oder wollen wir es umarmen?

Öffne deine Hand, sooft du es vermagst.

Get yourself a fucking job, mate!

Natürlich ist es etwas ganz anderes, als buddhistischer Mönch in einem Land zu leben, in dem der Buddhismus nur wenig präsent ist. Wenn wir in Thailand unsere tägliche Almosenrunde machten, begrüßten uns die Menschen immer herzlich, fast mit einer gewissen Bewunderung. In der thailändischen Gesellschaft hatten wir einen geachteten Status. In Großbritannien war das eine ganz andere Nummer.

Meine erste Almosenrunde in England ging ich gemeinsam mit Narado, einem jungen englischen Mönch. Mit den Almosenschalen um den Hals wanderten wir zur High Street von Midhurst, der Stadt in West Sussex, in deren Nähe unser Kloster lag. Ich war schon von vornherein nervös, weil ich nicht wusste, ob man in England tatsächlich auch Essen bekam. Das konnte ich mir nicht so recht vorstellen. Ein weißer Kastenwagen fuhr an uns vorbei. Der Fahrer öffnete das Fenster und schrie zu uns heraus: »*Get yourself a fucking job, mate!*«, »He du da, such dir gefälligst eine Arbeit!«

Das zeigte überaus deutlich die unterschiedliche Haltung gegenüber uns Mönchen, kann man wohl sagen. In den sieben Jahren in Thailand wurde ich mehr oder weniger wie eine Gabe der Götter behandelt. Mönch. *Wald*mönch. *Westlicher*

Waldmönch! Besser kann es in Thailand kaum noch werden. In England wurde ich eher wie ein Parasit angesehen. Wie eine suspekte Gestalt, die schlecht gekleidet war, eine merkwürdige Frisur und eine verquere Sexualität hatte.

Selbstverständlich hatte ich die thailändischen Ehrbezeugungen nie persönlich genommen. Zum Glück! Denn während meiner Zeit als Mönch im Westen, als mir da und dort die Beleidigungen um die Ohren flogen, gingen diese tatsächlich einfach durch mich durch. Ich fühlte mich wie eine Comicfigur, die sieht, wie eine Pistolenkugel auf sie zufliegt, durch den Körper hindurchgeht und auf der Rückseite wieder austritt. Das war ein weiteres Geschenk Buddhas: Ich hatte begonnen zu verstehen, wie man sowohl klug mit Lob als auch mit Kritik umgeht.

Nach dem Vorfall mit dem Mann im weißen Kastenwagen fühlte ich mich sogar herrlich frei. Mir wurde bewusst, wie achtsam ich war, als er seine Beleidigung herausschrie. Ich, der immer so darauf bedacht gewesen war, was andere von mir hielten, konnte nun einfach wahrnehmen, was in mir passierte, und ruhig feststellen: *nichts*! Wie wunderbar! Damals wurde für mich greifbar, dass es in meinem Leben nicht länger darum ging, eine Menge beeindruckender Kompetenzen zu sammeln oder in den Augen anderer gut zu sein. Endlich fühlte ich mich frei davon.

Aus meiner Sicht geht es bei der wahren geistigen und seelischen Entwicklung von uns Menschen weniger darum, Strategien zu lernen, sondern vielmehr darum, Ballast abzuladen. Etwas weniger oft und etwas weniger lange an unseren *Hang-ups*, unseren Gedankenblockaden festzuhängen. Die Vorstellung, überhaupt keine Gedankenblockaden zu haben, kann man getrost vergessen. Die einzigen Menschen ohne jegliche gedanklichen Blockaden sind die Toten.

Wenn du bei deiner persönlichen inneren Arbeit merkst, dass die Gedankenblockaden allmählich schwächer werden, dann bist du auf dem richtigen Weg. Vielleicht gelingt dir sogar schon eine erfreuliche Distanz zu den Gedanken, wie deine Persönlichkeit deiner Meinung nach beschaffen ist, wie du insgesamt *bist*, und auch zu all dem, was du als deine persönlichen Unzulänglichkeiten ansiehst.

Für mich war es ziemlich spannend, allmählich zu entdecken, was, abgesehen von meinen Schwächen, sonst noch vorhanden ist. Obwohl ich meine Persönlichkeit als überreaktiv, überimpulsiv und unausgeglichen empfinde, ist mir klar geworden: Je mehr ich mir die Stille zu eigen mache, je besser ich darin werde, nach innen zu lauschen, umso mehr beginnt etwas aufzuscheinen. Etwas, das offenbar immer bei mir ist. Etwas, das mir wohlgesinnt ist.

Dem Wunder Raum lassen

Wenn man in der Waldtradition zehn Jahre als Mönch oder Nonne gelebt hat, erhält man den Titel »Ajahn«, Lehrer. Gleichzeitig wird man dazu ermuntert, sich im Unterrichten zu versuchen. Ich erinnere mich an das erste Wochenend-Retreat, das ich in England leiten sollte. In der Nacht davor fühlte ich mich so, als würden zwei Schlangen in meinem Bauch miteinander ringen. Die Angst war fast unerträglich. Kurz bevor das Retreat beginnen sollte, ging ich in die Meditationshalle, zündete Kerzen und Räucherwerk an, verneigte mich vor der Buddha-Statue und sagte im Stillen: »Okay, Buddha. Im Moment bin ich ein Wrack. Aber ich habe vor, während des gesamten Wochenendes vollkommen präsent zu sein. Die Worte kommen nicht *von* mir, sondern *durch* mich, das weiß ich. Haben wir einen Deal?« Ich interpretierte das Schweigen der Buddha-Statue als Zustimmung. Das Retreat verlief gut.

Damals erlebte ich eine Phase, in der ich leicht unter Druck geriet und zunehmend angespannt war. Ich musste mich oft und intensiv darin üben, aus der geballten Faust eine geöffnete Hand werden zu lassen. Inzwischen hatte ich auch viel zu tun; eine Reihe administrativer Aufgaben landete auf meinem Tisch, was zu einem gewissen Stress in meinem Leben führte. Stell dir vor, ein gestresster buddhistischer Mönch! Erfahrungsgemäß macht der Stress es einem in der Regel noch schwerer, vom eigenen Kontrollbedürfnis abzulassen. Egal, wer man ist.

Ajahn Thaniya bemerkte das bei mir natürlich. An einem Abend im Juni waren die Nonne und ich auf dem Weg in die Meditationshalle, wo die Gruppe meditieren sollte. Es war Frühsommer, die Luft war klar, über den Seerosenteich im Klostergarten huschten glitzernde Libellen. Ajahn Thaniya sah mich auf ihre unnachahmliche Weise an. Ich liebte diesen Blick, denn ich wusste, dass dann fast immer eine kurze und prägnante, zutreffende Bemerkung zu erwarten war. Deshalb war ich besonders aufmerksam, als sie mich so ansah und sagte: »Vergiss nicht, dem Wunder Raum zu lassen, Natthiko.«

Das saß. Ich wusste, wie recht sie hatte. Aber tatsächlich war es nötig, mich dann und wann daran zu erinnern. *Punktgenau ins Schwarze getroffen. Da war ich nun und versuchte, alles zu kontrollieren. Und infolgedessen war ich einsam, tough, schwierig und ängstlich. Ich sollte dem Leben mehr vertrauen! Hatte sich das Beste in meinem Leben nicht so gut wie immer ohne meine Kontrolle eingestellt? Eigentlich wusste ich das doch. Es wurde nur anstrengend, wenn ich alles steuern und vorausplanen wollte. Gut wurde es nicht. Außerdem büßte ich einen Teil meines Denkvermögens ein, wenn ich so angespannt und unflexibel war.*

Ich habe mich lange an einem amerikanischen Mönch namens Adyashanti orientiert. Neun Monate, nachdem ich aufgehört hatte, ein Mönch zu sein, fuhr ich zum ersten Mal zu einem Retreat, das er leitete. Das war ein Fest für mich. Ich hatte das Gefühl, Teil von etwas Großem zu sein. Ich hing praktisch während der sieben Tage des Retreats an seinen Lippen. Eines Abends – ich erinnere mich sehr deutlich an die Situation – sagte er etwas, das ich nie mehr vergessen habe:

»Wisst ihr was? Wenn ihr nicht blind an alles glaubt, was ihr denkt, wenn ihr vollkommen achtsam seid – und nur dann –, wenn ihr ganz aufmerksam und präsent seid, dann werdet ihr einen fundamentalen Grundsatz entdecken. Nämlich dass das Universum nach folgendem Prinzip funktioniert:

Du wirst wissen,
was du wissen musst,
wenn du es wissen musst.«

Wow. Natürlich habe ich keine eindeutigen Beweise dafür, dass es so ist. Und ich sehe ein, dass es schwammig klingen mag. Aber ich habe keine Einwände gegen Adyashantis Aussage. Ich halte sie für absolut wahr, nachdem ich mich mittlerweile lange damit beschäftigt und sie geprüft habe.

Immer wenn es mir gelingt, nach diesem Prinzip zu leben, wird mein Leben besser, manchmal sehr viel besser. Das bedeutet natürlich keinesfalls, dass wir in Bezug auf unser Leben nachlässig werden sollten. Oder nicht das planen, was wir planen können und sollten. Aber wir erreichen einen höheren Grad an Freiheit und Weisheit, wenn wir uns angewöhnen, mehr im Vertrauen zu leben. Wenn wir es wagen, auf unsere vergeblichen Versuche zu verzichten, die Zukunft zu kontrollieren und vorherzusagen. Dann geschieht etwas fast Magisches.

Etwas vereinfacht ausgedrückt, dominieren zwei Arten von Gedanken fast jeden von uns: Gedanken über unsere Vergangenheit und Gedanken über unsere Zukunft. Sie haben eine fast hypnotische Kraft und im Kern geht es dabei stets um *unser eigenes Leben.*

Es ist so, als würden wir unser Leben lang zwei große, schwere und wichtige Koffer mit uns herumtragen – in einem befinden sich alle Gedanken, die um unsere Vergangenheit kreisen, und im anderen sind alle Überlegungen enthalten, die sich um unsere Zukunft drehen. Beide Koffer sind prima und wertvoll. Aber versuche mal, sie kurz abzustellen. Und achte darauf, ob dir dann vielleicht etwas auf eine unmittelbarere Weise begegnet. Wenn dir das gelingt, kannst du die Koffer ja später wieder weitertragen. Falls du das möchtest.

Niemand behauptet, es sei falsch, über das eigene Leben nachzudenken. Aber es lohnt sich, dann und wann eine Pause einzulegen. Gönne deinem Leben etwas Ruhe. Oft ist es dann leichter, wieder nach den Koffern zu greifen.

Alles hängt mit allem zusammen: Wenn wir uns von den Gedanken lösen und davon, die Dinge zu kontrollieren, wenn wir uns nach innen wenden und lauschen, wenn wir achtsam sind und regelmäßig in der Ruhe verweilen, wenn wir voller Vertrauen leben. Bei all dem geht es darum, die Möglichkeit zu erforschen, etwas zu finden, das wirklicher und wertvoller ist als unsere Gedanken. Wir besinnen uns in gewisser Weise auf den Ort zurück, von dem unsere Gedanken aufsteigen. Es ist sonderbar, aber wenn wir das tun, werden unsere Gedanken wertvoller. Unsere weise und intuitive Seite wird uns zugänglicher. Es mag drastisch klingen, aber unsere Gedanken bekommen eine andere Qualität.

Lass uns einen Augenblick bei dem interessanten Begriff *Zukunft* verweilen und bei unseren Gedanken daran, was unserer Meinung nach voraussichtlich geschehen wird. Angesichts deiner Vorstellungen über die Zukunft solltest du sehr skeptisch sein. Denn was dein Kopf dir über die Zukunft erzählt, entspricht nicht der Zukunft. Es ist lediglich ein Entwurf, ein lückenhaftes Bild, das auf deinen Erinnerungen und Erfahrungen basiert. Du kannst dich allerdings nur an einen Bruchteil der Dinge erinnern, die sich in deinem Leben ereignet haben. Außerdem sind deine Erinnerungen geprägt und abhängig von starken Gefühlen.

Wir Menschen sind darauf programmiert, uns an besonders einprägsame Emotionen zu erinnern, vor allem an solche, die wir als außerordentlich belastend oder leidvoll empfinden. Das ist ganz natürlich. Unseren Ahnen in der Savanne half das, denn es sorgte dafür, dass sie überleben und sich fortpflanzen konnten.

Auch das, was wir »Vergangenheit« nennen, entspricht nicht dem, was tatsächlich geschehen ist. Es handelt sich ebenfalls nur um subjektiv ausgewählte Bruchstücke, die häufig aus emotional belasteten Situationen stammen.

Diese Fragmente projizieren wir wiederum auf unsere Zukunft. Wir legen sie dem zugrunde, wie wir uns die Zukunft ausmalen. So wird die Zukunft allerdings nicht aussehen. Es handelt sich um unsere rein subjektiven Vermutungen. Um Vorstellungen, wie es in der Zukunft vielleicht, eventuell, möglicherweise werden könnte. Im Grunde weiß es niemand. Wirklich niemand.

Nur eines ist sicher

Als ich bereits einige Jahre in dem englischen Kloster gelebt hatte, beschlossen mein Mönchsfreund Narado und ich eines Tages, rund um die Isle of Wight zu wandern. Es war gerade Frühsommer in England. Wir wanderten dreißig Kilometer entlang der großartigen Nordostküste und verbrachten die Nacht unter einer majestätischen Eiche. Am nächsten Vormittag war es Zeit für unsere erste Almosenrunde auf der Insel. In dem Küstenstädtchen Sandown lehnten wir unsere Rucksäcke an die Mauer eines Friedhofs, hängten uns unsere Almosenschalen um den Hals und stellten uns in der High Street in die Nähe eines Lebensmittelladens.

Eine Stunde standen wir dort. Tausend Menschen gingen an uns vorbei. Niemand sprach mit uns. Ein kleines Mädchen fragte seine Mutter, ob sie glaube, dass wir Schlangen in unseren Schalen hätten. Schließlich versuchten wir es in der Nähe eines Friseursalons, aber dort war es das Gleiche. Die Menschen würdigten uns kaum eines Blicks. Als wären wir unsichtbar, trotz unserer leuchtenden ockerfarbenen Mönchskutten. Nach einer Weile hielt ein Streifenwagen an und ein Polizist kam auf uns zu. »Jungs, auf der Isle of Wight ist das Betteln verboten. Außerdem hat der Friseur angerufen und sich beschwert. Mit euren Frisuren schreckt ihr die Kunden ab.«

Ich erklärte ihm, dass wir nicht bettelten. Wir baten niemanden um etwas. Almosen nahmen wir gern an. Das war nicht dasselbe. »Na gut, aber entfernt euch trotzdem von hier«, entgegnete der Polizist energisch.

Also kehrten wir zu dem Platz beim Lebensmittelgeschäft zurück. Nach der langen Wanderung und dem Fasten zitterten meine Beine vor Ermattung und Hunger. Da wir den Regeln der Waldtradition folgten, durften wir nur bis zur Mitte des Tages essen, und wegen der Sommerzeit in der westlichen Welt war dreizehn Uhr als Grenze angesetzt worden. Es war bereits zwölf Uhr dreißig. Ich sagte zu Narado: »Wir müssen für heute aufgeben. Wir halten noch einen weiteren Fastentag durch und versuchen es morgen wieder.« Als ich das sagte, ließ im selben Augenblick etwas in mir los. Die krampfhaft geballte Faust des Hungers öffnete sich. Aber mein Mönchsfreund war noch nicht bereit aufzugeben. »Lass es uns nur noch eine kleine Weile versuchen«, bat er. Ich willigte ein.

Nicht einmal eine Minute später kam eine ältere Frau mit weichen Gesichtszügen auf uns zu. »Jungs, was macht ihr hier?« Ich erzählte ihr, wir seien buddhistische Mönche, empfänglich für Almosen. »Aha, ihr wollt also etwas zu essen haben. Die Isle of Wight ist eine christliche Insel. Hier braucht niemand zu hungern. Was möchtet ihr denn haben?« Ich erklärte ihr, dass wir dankbar alles entgegennähmen. Es sei Teil unseres Trainings, unsere Vorlieben nicht zu berücksichtigen. »Also nein. Wenn ich euch mein sauer verdientes Geld spende, dann will ich natürlich etwas kaufen, das ihr mögt.« Mein Mitmönch hatte eine Schwäche für eine bestimmte Sorte nordenglischer Pies. Ich sagte der Frau, wie sie hießen. Daraufhin nickte sie und verschwand im Geschäft.

Kurz darauf blieb ein elegant aussehendes Paar stehen. Wie sich herausstellte, kamen sie aus Kanada. Der Mann berichtete, der Portier ihres Hotels wohne im Winter in der Nähe unseres Klosters. Er hatte dem Paar erklärt, wer wir waren und was wir taten. Das Paar bat uns, einen Moment zu warten, und verschwand dann ebenfalls im Geschäft. Fünf Minuten später hatten wir vier Tragetüten voller Essen. Wir bedankten uns, sangen einen kurzen Segen und eilten dann zurück zum Friedhof. Dort setzten wir uns ins Gras und aßen schweigend. Als wir fertig waren, saß ich eine Weile still da. Ich erinnerte mich an die Worte meines Lehrers in Thailand, der oft gesagt hatte: »Du bekommst nicht immer, was du willst, aber immer, was du brauchst.« Genau so war es. Und was mich erstaunte – je mehr ich mich von einem drängenden Wunsch löste, desto eher schien er in Erfüllung zu gehen. Ich nahm mir vor, diese Lehre nie mehr zu vergessen.

Zu den Nonnen im englischen Kloster gehörte auch Ajahn Anandabodhi. Sie war eine charismatische Persönlichkeit, in Nordengland aufgewachsen. Als ich sie zum ersten Mal im Kloster sah, trug sie die Haare als turmhohe Mohawk-Frisur in allen Farben des Regenbogens. Ajahn Anandabodhi und ich kamen etwa zur gleichen Zeit zum Kloster. Nach einer Weile übernahmen wir die Verantwortung für viele praktische Tätigkeiten, die in unserer Gemeinschaft zu erledigen waren.

Wie gesagt, war ich eine Zeit lang besonders beschäftigt und merklich gestresst. Ich koordinierte die Arbeiten im Kloster, empfing Gäste, beantwortete Mails, nahm Anrufe entgegen und kümmerte mich allgemein um die Verwaltung.

Etwas vereinfacht könnte man sagen, ich wurde der Geschäftsführer des Klosters und glitt zurück in meine Rolle als Diplom-Kaufmann, was eigentlich nicht der Sinn meines Mönchsdaseins war. Ajahn Anandabodhi fiel auf, wie erschöpft und überarbeitet ich war. Eines Abends, es war Zeit für die Teestunde, begegneten wir uns im Eingangsbereich zwischen Küche und Teezimmer. Sie wandte sich mir zu und erinnerte mich: »*Natthiko. Do notice: Responsability – the ability to respond*«, »Mache dir Folgendes bewusst, Natthiko: Verantwortung – das ist *die Fähigkeit zu antworten, zu reagieren*«.

Was bringt es uns, auf das Leben zu reagieren, während es stattfindet? Nun, genau das, was ich bereits weiter oben angesprochen habe: Häufig geht es viel weniger, als wir glauben, darum, zu planen, zu kontrollieren und zu organisieren, sondern es geht um *Präsenz*. Jeder kennt das Gefühl, wenn man im *Flow* ist. Man ist hellwach und aufmerksam. Achtsam, wenn man so will. Man malt sich weder ängstlich Szenarien aus, was schiefgehen könnte, noch fragt man sich, wie man sich angesichts aller möglichen und unmöglichen Ereignisse verhalten soll. Man macht sich nicht ständig Sorgen darüber, ob alles so kommen wird, wie man es sich wünscht. Sondern man ist so präsent, dass man offen reagieren kann. In der Regel bedeutet das automatisch auch: weiser.

Wenn wir uns vom Kontrollieren-Wollen lösen und achtsam werden, wagen wir es, uns der Unsicherheit auszusetzen. Den meisten von uns fällt das schwer. Wir Menschen wollen gerne wissen, was passieren wird. Das ist natürlich, das Bedürfnis haben wir alle. Wenn wir nicht wissen, was geschehen wird, wenn alles unsicher ist, werden wir leicht ängstlich und unflexibel. Dann tun wir so, als wären die Dinge vorhersehbarer, als sie es tatsächlich sind, obwohl wir die ganze Zeit schrecklich verunsichert sind. Wir wollen gern an unseren Plänen und Vorstellungen festhalten, wie etwas sein oder wie es sich entwickeln sollte. Pläne zu haben ist an sich nicht verkehrt. In einem gewissen Maß müssen wir alle unser Leben planen. Es ist eine gute Sache. Allerdings sollten wir zwischen unseren Plänen und unserer Erwartung unterscheiden.

Der amerikanische Präsident Eisenhower soll gesagt haben: »*Planning is everything, plans are nothing*«, »Planung ist alles, Pläne sind nichts«.

Wie wäre es, wenn wir die Einträge in unserem Kalender mit Bleistift statt mit Tinte schreiben würden, sowohl konkret als auch im übertragenen Sinn. Wie wäre es, wenn wir uns bewusst machten, dass das, was wir aufschreiben und erwarten, womöglich gar nicht passieren wird. Wir könnten doch versuchen, uns damit zu arrangieren.

Bei der geistigen Entwicklung geht es zum großen Teil genau darum, dass wir es wagen, uns auf die Unsicherheit einzulassen. Wenn wir dieses Nichtwissen und Nichtkontrollieren aushalten können, dann erhalten wir Zugang zu einem klügeren Teil von uns selbst. Zu versuchen, das Leben festzuhalten, ist gerade so, als wollten wir Wasser festhalten. Es fließt – das ist seine Natur.

Das Mönchsleben gründete darauf, den Mechanismus rund um die Kontrolle zu verhindern. Nicht zuletzt deshalb verwendeten wir kein Geld, durften wir nicht selbst bestimmen, wann oder was wir essen würden, mit wem wir zusammenlebten und in welcher Hütte wir wohnten. Gezwungenermaßen die Kontrolle abzugeben, gehörte zu dem, was wir lernen sollten. Und das Ergebnis war sehr gut. Es ist ein Geschenk, voller Vertrauen zu bleiben und das Nichtwissen bereitwillig zu akzeptieren, wenn das Leben unsicher wird.

Im Alltag geht es immer wieder um das Gleiche. Wie oben angesprochen etwa darum, weniger auf dem zu beharren, was wir zu wissen glauben, zum Beispiel, was die Zukunft betrifft. Und dafür offener für das Hier und Jetzt zu sein, eigentlich den einzigen Ort, an dem das Leben stattfindet.

Wenn wir ehrlich sind, ist in jedem Menschenleben reichlich Unsicherheit enthalten. Absolut sicher ist nur *eines* im Leben, nämlich dass es eines Tages zu Ende geht. Alles andere sind Hoffnungen, Befürchtungen, Hypothesen, Wünsche, Vorstellungen und Absichten. Warum das nicht gleich anerkennen und akzeptieren? Öffne die krampfhaft geschlossene Faust und lass zu, dass die offene Hand sich mit Leben füllt.

Hips Don't Lie

Nach sieben Jahren in dem englischen Kloster zog ich in ein anderes Kloster meiner Tradition, das in einem Bergdorf in den Schweizer Alpen lag. Außer der Nähe zu den Bergen, die ich schon immer sehr geliebt habe, hatte dieses Kloster den Vorteil, dass ich dort kein »Geschäftsführer« mehr sein musste. Die Schweizer kümmerten sich selbst großartig um die Organisation, keiner hätte es besser machen können. Ich konnte mich unserer Gäste annehmen, Ansprechpartner für verschiedene Belange sein sowie in den Bergen wandern und klettern. Ich unterrichtete auch immer öfter Meditation und fand darin langsam meine eigene Stimme.

Ajahn Khemasiri, unser Abt und mein nächster Freund dort, war wie eine Vaterfigur für mich, und er liebte Fußball. Als Zwölfjähriger war er bei Nacht und Nebel mit seiner Familie aus Ostdeutschland geflohen. Als junger Mensch hatte er eine Bäckerei gehabt, war aber nun schon seit vielen Jahren ein hingebungsvoller Mönch. Mein guter Freund Carl-Henrik traf den Nagel auf den Kopf, als er Ajahn Khemasiri bei einem Besuch als U-Boot-Kapitän beschrieb.

Zu der Zeit leitete ich in einem halben Dutzend Ländern Meditations-Retreats, und Ajahn Khemasiri fragte sich vermutlich, wie buddhistisch diese eigentlich waren. Er hörte von den Teilnehmern, dass ich oft von der *Truman Show* sprach, von *Matrix*, von *Pu dem Bären* und dem *Muminvater*. Glücklicherweise wusste er so gut wie ich, dass Buddha weder an Dogmen noch an Fundamentalismus interessiert war. Wir beide betrachteten den Buddhismus als die wunderbarste Werkzeugkiste der Welt.

In der Schweiz lebten wir nicht so streng, wie ich es zuvor getan hatte, vor allem verglichen mit den Jahren in Thailand. Hier herrschte etwas mehr Freiheit mit Eigenverantwortung. Das Kloster war so modern, dass wir sogar über einen Internetzugang verfügten. Nachdem ich Google zu nutzen gelernt hatte, konnte ich es mir nicht verkneifen, mich selbst zu suchen. Einer der ersten Treffer damals, 2006, war ein PDF-Dokument von einer Konferenz in Malaysia, an der ich in den frühen Neunzigerjahren teilgenommen hatte, als ich für die Ernährungs- und Landwirtschaftsorganisation der Vereinten Nationen arbeitete. In dem Dokument wurde ich vorgestellt als »Internationaler Experte für Finanzanalysen zum regionalen Seegrasanbau«. Da sieht man mal!

Meine Eltern schenkten mir einen Computer. Und von jemand anderem bekam ich einen MP3-Player geschenkt, sodass ich Vorträge hören konnte, die aufgenommen worden waren. Als Carl-Henrik, mein bester Freund zu Hause, davon hörte, brannte er mir begeistert eine CD mit den »Hundert besten Songs, seit du ein Mönch geworden bist«, und schickte sie mir. Ein unvergessliches Geschenk.

Zu meiner großen Freude hatten wir in der Schweiz jede Woche einen Wandertag. Aufgrund meiner rückhaltlosen Liebe zu den Bergen wanderte ich immer doppelt so lange und stieg doppelt so hoch wie alle anderen im Kloster.

Eines Tages brach ich allein zu einer solchen Wanderung auf – mit Schneeschuhen trat ich den beschwerlichen Aufstieg zu einem spektakulären Aussichtspunkt an. Von dort sah man bis zur Hauptstadt Bern. Es war Frühling und es begann, warm zu werden, wenngleich in den Bergen noch viel Schnee lag. Die eindrucksvolle Aussicht vor Augen verzehrte ich das mitgebrachte Essen. Es schmeckte himmlisch.

Die Sonne schien so stark, dass ich erst eine Kleidungsschicht und bald darauf eine weitere auszog. Ich bin schon immer sehr gern in der Sonne gewesen. Am Schluss hatte ich nur noch das Untergewand und die Unterhose an. Ich schnappte mir den MP3-Player, die Kopfhörer und die CD mit den »Hundert besten Songs, seit du ein Mönch geworden bist«. Es dauerte nicht lange, dann hörte ich Shakiras Song »Hips Don't Lie«. Da konnte ich nicht länger still sitzen und die steifsten Hüften des Berner Oberlands begannen langsam zu schwingen.

Ich bin doch der Mönch, der nie zweifelte

Ich sitze in dem schönen Kloster in Kandersteg in meinem kleinen Zimmer. Ich trinke eine Tasse Tee, lese etwas Inspirierendes, zünde Räucherstäbchen und eine Kerze an und setze mich, um zu meditieren. Nach zwanzig Jahren täglicher Meditation schlafe ich nicht mehr ein, sondern habe tatsächlich angefangen, die Meditation wahrlich zu genießen.

So sitze ich innerlich ruhig und achtsam vor meinem vergoldeten Buddha aus Holz. Atemzug für Atemzug. Langsam wird alles seltsam still. Das ist nicht nur eine Stille durch Abwesenheit von Aktivität, sondern eine Stille als Präsenz. Eine Stille, die mir mittlerweile überaus vertraut ist und die ich sehr genieße. Sie ist mein Zuhause geworden, in ihr kann ich zur Ruhe kommen. Der Körper wird spürbar zugänglich und ich fühle mich sehr lebendig und zufrieden. Das Gefühl ist fantastisch; so darf es gerne bleiben. So vergehen vielleicht zehn, zwölf Minuten. Dann vernehme ich wieder die tiefe, kluge, einsichtsvolle Stimme der Intuition. Etwas im Inneren flüstert mir zu: *Es ist Zeit weiterzugehen.*

Ach nein! Wie unpraktisch! Ich habe doch jetzt so ein gutes Leben.

Ich bin sehr überrascht. Und ich empfinde Angst. *Ich bin doch der Mönch, der in der Robe sterben wird. Ich bin der Mönch, der nie zweifelte.* Und jetzt, mit sechsundvierzig Jahren, erkenne ich, dass etwas in mir sagt, es sei an der Zeit, nach Hause zu fahren.

Die Stimme war genauso deutlich wie die zwanzig Jahre zuvor, an jenem Sonntag im Mai auf dem roten Sofa in Spanien. Klar wusste ich, dass ich sie nicht ignorieren konnte. Aber ich hatte auch viel zu verlieren. Mein ganzes Leben, meine Identität, all das war doch jetzt hier.

Ich nahm mir also Zeit, etwa ein halbes Jahr. Als ich meine Mutter anrief und ihr von meinem Entschluss berichtete, meinte sie nachdenklich: »Ja, du bist wohl etwas zu jung für den Ruhestand.« Sie hatte mich im Kloster in der Schweiz besucht und fand offenbar, dass es etwas zu sehr einem Altersheim ähnelte. Da war etwas dran. Das Leben als Mönch war zu sicher und vorhersehbar geworden. Ich hatte es so lange geführt und kannte die Rolle so gut, dass ich fast ein bisschen auf Autopilot geschaltet hatte.

Es gab einen Aspekt, der meinen Entschluss, als Mönch aufzuhören, zwar nicht nennenswert beeinflusste, aber mein damaliges Leben prägte. Ich hatte mir die seltene Blutkrankheit ITP zugezogen, eine Autoimmunerkrankung. In Südafrika, wo ich unterrichtet hatte, war ich zwischen zwei Retreats in der Provinz KwaZulu-Natal in den Bergen gewandert. Auf der Wanderung stach mich etwas ins Bein. Wirklich zu schmerzen begann der Stich erst nach ein paar Stunden. Aber bald darauf verlor mein Blut die Gerinnungsfähigkeit.

Als ich zwei Wochen später in England in die Notaufnahme kam, sagte der Arzt zu mir: »Sie sind eine wandelnde Zeitbombe.« ITP gilt als ernste Krankheit, weil die Blutplättchen plötzlich abgebaut werden, was zu schweren und manchmal sogar tödlichen Blutungen führen kann. In der Schweiz unterzog ich mich umfassenden Behandlungen, ohne Erfolg. Die Ärzte wollten die Milz entfernen, aber ich weigerte mich. Stattdessen bekam ich eine Zeit lang Kortison in sehr hohen Dosen, was dazu führte, dass ich extrem schlecht schlief. Mein Körper hat seither die Fähigkeit zum Tiefschlaf nie wiedererlangt.

Auch wenn ich den Entschluss zu gehen im Inneren vollzogen hatte, so war der Prozess doch schwer. Ich sprach viel mit Ex-Mönchen und Ex-Nonnen. Damals kannte ich einige solcher Menschen. Dass man nicht sein Leben lang im Kloster bleibt, ist üblich. Man bleibt, solange man will und es sich richtig anfühlt. Die meisten derjenigen, mit denen ich in den vielen Jahren als Mönch zusammengelebt hatte, waren vor mir ausgeschieden – hatten *die Robe abgelegt*. Und alle Ex-Mönche und Ex-Nonnen sagten das Gleiche: *Du kannst dir nicht vorstellen, wie verwirrend es ist und wie weh es tut, das zu verlassen, worin du so lange gelebt hast. Große Teile deiner Identität sind damit verbunden. Wer bist du da draußen? Es ist viel schwerer, als du dir überhaupt vorstellen kannst.*

Das glaubte ich gerne. Aber ich stieg dennoch aus. Mir war bewusst, dass es ein mutiger Schritt war. Allerdings hatte ich viel Übung darin, in Unsicherheit zu leben. Das Kapital an Vertrauen, das ich dadurch erworben hatte, würde mich hoffentlich unterstützen. Nun war es an der Zeit, es einzusetzen und angesichts der harten Realität zu testen.

Irgendwo habe ich einen Weisheitsspruch aufgeschnappt, der mir sehr gefällt und den ich oft zitiere, wenn ich Meditationen anleite:

Wir lernen bei Windstille, um uns im Sturm daran zu erinnern.

Unter anderem deshalb fahren Menschen zu Retreats oder nehmen sich Zeit für die Meditation. Um zu üben. Wir können unser Leben nicht in einem Meditationsraum verbringen. Aber wenn etwas für uns neu ist, wenn wir es noch nicht so gut beherrschen, dann sind günstige Bedingungen hilfreich. Wir können etwas in Ruhe trainieren, um dann im unvorhersehbaren Sturm des Alltags zu bestehen. Denn natürlich funktioniert alles, was wir lernen, auch im normalen Leben. Was würde es uns sonst nützen?

Das Leben bringt unausweichlich Stürme mit sich. Immer wieder und wieder. Manchmal sind wir wie ein einsames Schiff mitten auf dem Meer, ohne einen Leuchtturm und ohne ein Seezeichen weit und breit. Manchmal sind die Turbulenzen schwächer, aber immer noch unangenehm – wenn der Chef wegen etwas mosert, das wir letzte Woche hätten tun sollen, oder wenn ein Konflikt mit einem uns nahestehenden Menschen aufflammt. Dann wird sich die Aufmerksamkeit wahrscheinlich auf das richten, was in unserem Inneren am lautesten schreit. Aber haben wir unter ruhigeren Umständen die Fähigkeit erworben, die Gedanken loszulassen und zu entscheiden, worauf wir unsere Aufmerksamkeit richten, dann haben wir einen treuen Verbündeten. Einen Gefährten, der uns in allen Lebenslagen beisteht, der immer an unserer Seite ist.

Farewell Letter

Im Oktober 2008 schickte ich befreundeten Mönchen und Nonnen in den verschiedenen Klöstern einen Brief auf Englisch, in dem ich ihnen von meinem Entschluss berichtete. Ich schrieb damals etwa Folgendes:

Ihr Lieben,

Es ist lange her, seit ich euch einen Brief geschrieben habe. Viele von euch wissen von meinen gesundheitlichen Schwierigkeiten. Im letzten Jahr habe ich mich einer ganzen Reihe umfassender Behandlungen unterzogen, sowohl mit konventionellen als auch alternativen Methoden. Im Prinzip habe ich alles versucht. Das Problem, dass mein Blut nicht gerinnen kann, ist offenbar nur schwer zu lösen. Ich werde mich daran gewöhnen müssen, damit zu leben. Die übrigen Symptome sind, subjektiv betrachtet, relativ erträglich. Am meisten irritieren mich die starken Schlafstörungen, denn sie bringen es mit sich, dass ich wenig Energie habe, körperlich wie seelisch. Aber mit weniger Energie zu leben, war auch lehrreich für mich. Heute habe ich definitiv mehr Mitgefühl für Menschen mit Energieproblemen!

Hauptsächlich aber habe ich so lange nicht geschrieben,

weil etwas in mir mich auffordert, zu überdenken, ob ich Mönch bleiben will oder nicht. Das hat mich überrascht, denn ich habe in dieser Hinsicht nie irgendwelche Zweifel verspürt. Mein erstaunter Verstand wies mich darauf hin, wie unpraktisch und unsicher es ist, in diesem Alter ein Leben als Laie aufzunehmen, vor allem angesichts meiner angeschlagenen Gesundheit. Aber die innere Stimme ließ sich nicht ignorieren, und bereits im April war mir klar, dass ich die Robe ablegen muss. Dem nachzugeben widerstrebte mir, aber die innere Überzeugung machte sich immer wieder bemerkbar. Mir ist bewusst, dass all das ein bisschen mystisch klingt, als käme der Impuls nicht von mir selbst, sondern von irgendwoher. Aber so habe ich es erlebt.

Ungern möchte ich die Ursachen meiner Entscheidung darlegen, denn die Intuition folgt persönlichen Gründen. Als würde man plötzlich entdecken, dass einem ein lange getragenes Kleidungsstück nicht mehr richtig passt – das beschreibt vielleicht am besten, wie ich mich fühle. An dem Kleidungsstück ist nichts verkehrt, ich mag es immer noch sehr, aber die Zeit ist reif für eine Veränderung.

Für mich ist die Zeit gekommen, eine andere Art von Leben zu führen, eben als Laie. Ich glaube, es wird mir guttun, auf eigenen Füßen zu stehen, meine eigenen Entscheidungen zu treffen. Das wird das Erste sein.

Ich merke auch, dass es Seiten im Leben als Mönch gibt, die für mich persönlich nicht länger hilfreich sind. Ich muss etwas freier auf das Leben reagieren können. Ich befürchte nicht, dass meine geistige Gesundheit darunter leiden wird, wenn ich aussteige, denn die fühlt sich so lebendig an wie eh und je. Was die physische Gesundheit angeht, hoffe ich, dass das Leben Verbesserungen anbieten kann. Ich kenne vielversprechende Studien aus dem Bereich der konventionellen Medizin, und vielleicht werde ich Gelegenheit bekommen, so etwas auszuprobieren. Aber für meinen Entschluss spielt das keine große Rolle.

Ich habe mit meinen geistigen Mentoren über die Entscheidung gesprochen, auch wenn sie allein meine eigene ist und nichts, was sie mir empfohlen hätten. Ich habe auch mit meiner Familie und meinen nächsten Freunden inner- und außerhalb des Klosters gesprochen. Wie so oft schon wird mir bewusst, wie viele gute Freunde ich habe. Mein Gefühl sagt mir, das wird so bleiben. Das scheint eins meiner größten Geschenke zu sein!

Was den Job angeht, sind meine Vorstellungen, wie ich mich durchschlagen werde, noch sehr vage. Wegen der Krankheit werde ich noch eine ganze Weile nicht Vollzeit arbeiten können. Außerdem reicht die Kraft dafür nicht. Aber irgendwie mache ich mir über meinen Lebensunterhalt noch keine allzu großen Sorgen. Mit der Zeit wird sich zeigen, welches mein nächster Schritt sein soll, da bin ich sicher. Zu Anfang werde ich nehmen, was ich bekomme, und das ist in Ordnung. Es würde mich nicht überraschen, wenn sich mit der Zeit Möglichkeiten auftäten, an andere weiterzugeben, was ich in meinem Leben als Mönch gelernt habe.

Auch wenn das irrational sein mag, bin ich insgesamt zuversichtlich, dass sich alles ergeben wird. Zu dem Gefühl gesellt sich auch eine vage, aber wiederkehrende Ahnung, dass dieser Körper vielleicht keine »normale« Lebenszeit durchhalten wird.

Ich weiß nicht recht, was ein solcher Brief beinhalten sollte und was nicht. Ich vertraue darauf, dass ich in der nächsten Zeit Gelegenheit haben werde, in der Schweiz und in England mit vielen von euch zu sprechen. Ehe ich nach Hause fahre, werde ich eine Zeit lang umherreisen. Bei den Besuchen wird es um die Würdigung des Vergangenen gehen und darum, mit unbeholfenen Versuchen eine Dankbarkeit auszudrücken, die sich nicht ausdrücken lässt. Außerdem will ich mein Bestes tun, um die Trennungsangst zu überleben.

Falls sich das jemand von euch fragt – nein, ich habe mich nicht verliebt und ich habe keine bestimmte Frau im Sinn. Ja, ich habe mir oft gewünscht, die Aufteilung nach Geschlechtern würde in unserer Gemeinschaft nicht für so viel Verwirrung und Leid sorgen. Aber seit ich in der Schweiz bin, war das weniger drängend. Sicher hat es Momente gegeben, in denen mir eine romantische Beziehung sehr verlockend erschien. Aber ich glaube schon lange nicht mehr, ein anderer könnte oder sollte mich ewig glücklich und vollkommen machen.

Meine Eltern und meine drei Brüder scheinen sich sehr zu freuen, dass ich näher und erreichbarer sein werde. Der Jüngste, er arbeitet in der Modebranche, hat schon angefangen, seinen Schrank nach passender Kleidung für mich zu durchforsten. Ich fürchte, ich werde sehr viel hipper aussehen, als ich mich fühle … Vielleicht klingt das etwas überraschend, aber ich freue mich ziemlich darauf, auszusehen wie alle anderen und mich nicht so von der übrigen Gesellschaft zu unterscheiden.

Mir fällt auf, dass es mir bei diesem Brief nicht so leicht-

fällt, die richtigen Worte zu finden. Sicher hat das mit dem Schlafmangel zu tun, aber auch damit, dass ich sehr emotional berührt bin. Ich finde es wichtig, hervorzuheben, was mir in den letzten siebzehn Jahren geschenkt wurde, weiß aber, dass es unmöglich ist. Die Freundschaften, all die Ermunterungen, die Führung, die Reisen, die materielle Unterstützung, die gemeinsame Freude, die Chance zu lehren, zu wachsen und loszulassen – jeweils in einem sicheren und unterstützenden Umfeld – und so viel mehr.

Manchmal scheint mich die Dankbarkeit wie von hinten anzuspringen, und das ist dann fast mehr, als ich aushalten kann. Durch all die Unterstützung und Ermutigungen ist es erheblich leichter geworden, ich zu sein, als es vor siebzehn Jahren war. Übrigens – ich ziehe es vor, es nicht allzu ernst zu nehmen, ich zu sein, und auch das ist beträchtlich leichter geworden!

So. Ein Abschnitt endet und etwas anderes kommt. Ich werde bis zu meinem letzten Atemzug die Segnungen aus meiner Zeit als Mönch in mir tragen – und wohl darüber hinaus.

In Liebe, Trauer und Dankbarkeit
Natthiko

Als dann die Zeit gekommen war, das Kloster zu verlassen, gab es mit meinen Nächsten in der Meditationshalle eine wunderschöne und innige Zeremonie.

Nach der Hälfte der Zeit gehe ich in mein Zimmer. Zum letzten Mal lege ich das Mönchsgewand ab und ziehe mir zum ersten Mal nach siebzehn Jahren Jeans an. Zurück in der Meditationshalle übergebe ich Ajahn Khemasiri die Robe.

Er lacht und sagt, ich sei der bestgekleidete Ex-Mönch, den er in seinen zweiundzwanzig Jahren in Mönchsrobe gesehen habe. In dieser ungewohnten Hülle lasse ich die Windstille hinter mir und begebe mich hinaus aufs offene Meer.

Das Dunkel

Im November 2008 kam ich nach Hause – nach Schweden. Trotz aller Liebe und Fürsorge meiner Familie und meiner Freunde versank ich schnell in einer Depression. Ich hatte den Ex-Mönchen und Ex-Nonnen aufmerksam zugehört, die mich vor dem Schmerz und der Traurigkeit warnten, wenn man nicht länger in dieser Gemeinschaft lebte. Als genau das passierte, fühlte ich mich dennoch gänzlich unvorbereitet. Es traf mich mit voller Wucht! Und meine Krankheit machte es auch nicht gerade leichter.

Die Mutter meines guten Freundes Pips hatte mir großzügig ein kleines Gästehaus auf ihrem Grundstück zu einer sehr geringen Miete angeboten. Und da saß ich nun, in einem Häuschen auf dem Land, außerhalb von Knäred. Im Winterdunkel. Allein. Deprimiert. Schlaflos. Krank. Ohne Job und ohne Geld. Und als der erste Rentenbescheid kam, wurde es auch nicht lustiger. Oder als ich nach Laholm fuhr, um Sozialhilfe zu beantragen. Zuerst müsste ich mich als arbeitssuchend registrieren lassen, hieß es. Auf dem Arbeitsamt füllte ich sämtliche Formulare aus, dann bekam ich einen Termin mit einem Mitarbeiter. Er sah sich meinen Lebenslauf an und stellte fest: »Tja, bis 1989 sieht es ja sehr gut aus … Das ist zwanzig Jahre her.«

»Ich weiß.«

Aus der Sozialhilfe wurde nichts. Zu meinem Glück unterstützten mich meine Eltern nicht nur emotional, sondern auch finanziell, solange es nötig war. Ich hatte siebzehn Jahre lang kein Geld verwendet und kam nun in eine Gesellschaft, die ungeheuer darauf fokussiert war. Ich weiß noch, dass ich dachte: »*Was tun die Leute bloß? Woher haben die Menschen das Geld, um zu wohnen, zu essen, sich zu kleiden, sich fortzubewegen, vielleicht sogar mal in den Urlaub zu fahren?*« Ich war schockiert, wie teuer alles war.

Es dauerte nicht lange, und ich litt an einer schweren Depression. Fast jede Nacht wachte ich schweißgebadet auf, die Angst saß mir auf der Brust, auf dem Solarplexus. Es war eine gewaltige Angst. Wir verwenden heutzutage das Wort Angst ziemlich leichtfertig. Aber ich spreche nicht von irgendeiner vorübergehenden Befürchtung. Ich spreche von einer absolut rabenschwarzen Angst. Bei der man gnadenlos wie hypnotisiert in innerer Unruhe und Panik feststeckt. Ich spreche von einem Raster, durch das alle Freude zu rinnen scheint. Von einem Vorhang, der sich auf alle Gedanken herabsenkt. Von etwas, das ständig im Hintergrund flüstert: *So wird es für immer bleiben. Es wird nie wieder gut.*

Jeder, der schon einmal richtig an Angst gelitten hat, weiß, dass es gefährlich wird, wenn man an das glaubt, was man denkt. Es kann unglaublich dunkel werden. Sehr schnell. Etwas Giftiges im Sinn zu haben, das einen selbst die ganze Zeit davon überzeugt, dass es nie mehr besser wird, ist wirklich grauenhaft und mit das Entsetzlichste, was einem Menschen auf psychischer Ebene zustoßen kann. Du musst zehn gute, einfühlsame Freunde haben, die nie aufhören, dir zu sagen, dass es vorübergeht, die dich daran erinnern, dass sich alles andere schließlich ebenfalls geändert hat – und dass es natürlich auch dieses Mal eines Tages wieder hell werden wird. Du hörst es, du begreifst die Wörter. Aber im Hinterkopf passiert nichts, da flüstert immer weiter diese dunkle Stimme.

Ich habe wohl nie etwas Schlimmeres erlebt als diese Zeit. Am Ende wurde es so dunkel, dass ich eines Nachts konkret überlegte, ob ich nicht einfach einen Schlussstrich unter mein Leben ziehen sollte. Zwar war es nur ein Gedanke, aber immerhin gab es ihn. Klar und deutlich. Ich hatte keine Kraft mehr, und ich hatte keine Ahnung, wie ich diese Last noch länger ertragen sollte. Und wenn es jemandem, der dir nahesteht, so schlecht geht oder wenn du selbst Phasen kennst, in denen es bestürzend dunkel wird, möchte ich, dass du eines weißt: Du bist nicht allein. Wir sind viele, die dort waren. Warte ab.

Wenn es einem so schlecht geht, neigt man leicht dazu, sich zurückzuziehen. Sich zu isolieren, so wie ich es getan habe. Das hilft selten. Vielleicht auch nie. Wir brauchen die Gegenwart anderer Menschen, um wir selbst zu sein. Besonders wichtig wird das bei Gegenwind. Wenn du kannst, umgib dich mit Menschen, die dein Licht spiegeln. Versuche, Kraft in Beziehungen mit Menschen zu finden, auf die du dich verlassen kannst und die dich mögen, so wie du bist.

Die Monate vergingen. Ein neuer Winter brach an. Kaum einer meiner Freunde mochte noch anrufen, weil ich nie ans Telefon ging. Und wenn ich es tat, war ich kurz angebunden und wollte niemanden sehen. Ich schaffte es nicht, mit anderen zu sprechen, denn ich fürchtete, ich könnte sie mit meinem Dunkel anstecken. Tief im Inneren hatte ich das Gefühl, dass ich nicht mehr lange durchhalten würde. Nacht für Nacht musste ich das durchgeschwitzte Bett neu beziehen. Ich ging ins Bett, wagte aber nicht einzuschlafen, denn sofort holten mich die entsetzlichen Gedanken wieder ein:

Ich werde nie eine Frau finden, nie eine Familie haben, ich werde nie einen Job bekommen oder Geld für ein Haus oder Auto haben. Niemand wird mit mir zusammen sein wollen. Siebzehn Jahre habe ich der spirituellen Entwicklung gewidmet und das hier ist das Ergebnis.

Ich schämte mich sehr. Mein halbes Leben hatte ich mich um ein vertieftes Verständnis von mir als Person bemüht, darum, mich weiterzuentwickeln. Ich hätte erfüllt von zeitloser, leuchtender Weisheit nach Hause kommen sollen. Stattdessen war ich nach meinem Gefühl einer der nutzlosesten und unglücklichsten Menschen Schwedens. Und in meinem Kopf waren ausschließlich Gedanken zur Zukunft zu hören, die überzeugend behaupteten: *Alles wird immer nur noch schlimmer.* Ich hatte dem nichts entgegenzusetzen. Es kam mir vor, wie mit einem hölzernen Schwert und einem kleinen Helm aus Zeitungspapier in den Wald zu gehen, wo der feuerspeiende Drache schon wartete.

Die Angst wurde zum strengsten und besten spirituellen Lehrer meines Lebens.

Noch nie war ich so motiviert gewesen, nicht an alles zu glauben, was ich dachte. Denn obwohl die rabenschwarzen Nachtgedanken erschreckend überzeugend waren, gab es immer noch eine dünne, kurze Rettungsleine aus all dem, was ich gelernt und trainiert hatte. Trotz der Dunkelheit in mir und um mich herum hatte ich durch die Meditation einen

Ort der Ruhe. Ein Atemloch. Zum Glück hatte ich das Loslassen so viel geübt, dass mir diese Fähigkeit selbst noch in der tiefsten Hoffnungslosigkeit half. Nicht immer, aber oft genug, gelang es mir, meine Aufmerksamkeit von den finsteren Gedanken zur Atmung zu lenken. Stur waren die Gedanken zwar schon nach einem Atemzug wieder da, aber wenn ich eine Weile durchgehalten hatte, erreichte ich einen Punkt, an dem mir vielleicht zwei Atemzüge gelangen. Damit schaffte ich es.

Achtzehn Monate dauerte es, dann wurde es langsam wieder hell.

This too shall pass

Am liebsten wollte ich ganz für mich in meinem Häuschen sitzen, mich vor allem und jedem verstecken. Meine Vorstellung von einem guten Tag sah so aus: Niemand sollte anrufen oder mailen, sodass ich für mich allein noch eine halbe Staffel *Desperate Housewives* verkonsumieren konnte. Aber zum Glück ließ mich mein Umfeld nicht in Ruhe. Und irgendwo sah ich selbst ein, dass es kein gutes Ende nehmen würde, wenn ich mich allem immer weiter verweigerte und alles, was mir begegnete, dankend ablehnte.

Mein Vater war so klug, dass er nach anderthalb Jahren zu mir sagte: »Björn, du bist etwas passiv geworden. Die zehntausend Kronen, die du monatlich als Vorschuss aufs Erbe bekommst, die gibt es ab jetzt nicht mehr.« Natürlich gefiel mir seine Entscheidung nicht, ich sah aber ein, dass er recht hatte. Also streckte ich vorsichtig den Kopf aus der Höhle. Anlässlich eines Besuchs im Kloster in der Schweiz sagte mein Mönchsfreund Ajahn Khemasiri freundlich, aber bestimmt zu mir: »Natthiko. Es ist an der Zeit, dass du wieder etwas an andere weitergibst.« Und so kam es dann auch.

Ich begann, längere und kürzere Meditations-Retreats zu leiten. Das lief überraschend gut. Damals waren die meisten Meditationslehrer in Schweden Ausländer und unterrichteten auf Englisch. Dass ich es auf Schwedisch tun konnte, war angesagt und beliebt. Etwas zu tun, das von anderen wertgeschätzt wurde, tat meiner Seele sehr gut, und Schritt für Schritt eroberte ich mich selbst wieder. Ich hatte etwas anzubieten.

Durch das Unterrichten fand ich endlich einen Platz, der zu meinem wurde. Anderen zu vermitteln, was mir am meisten am Herzen lag, fühlte sich zutiefst sinnvoll an – ein Gefühl, das ich achtzehn Monate lang nicht gespürt hatte. Dass mich die Leute, mit denen ich zusammentraf, offenbar schätzten, bedeutete mir sehr viel. Ich durfte wieder Situationen erleben, in denen mir Menschen offenherzig von sich berichteten. Ich durfte ihnen anbieten, ihnen zuzuhören, sie vielleicht zu unterstützen und zu ermutigen. Wie sehr hatte ich mich nach solchen Begegnungen gesehnt!

Nach einer Weile wagte ich den nächsten Schritt: vor Menschen zu sprechen, die sich nicht von sich aus zu Retreats oder ähnlichen Veranstaltungen angemeldet hatten. Mein Freund Daniel bot mir an, vor Mietern seines Bürohotels Arkipelagen, einem Unternehmenszentrum, zu sprechen. Seither habe ich oft vor Vertretern aus der Wirtschaft oder von verschiedenen Behörden Vorträge gehalten. Es erstaunte mich, wie gut sie ankamen. Anscheinend hatte *ich* tatsächlich etwas beizutragen! Trotz der psychischen Wunden. Trotz Verwirrung und Depression. Trotz Angst.

Mein Selbstwertgefühl und Selbstvertrauen waren noch immer wackelig. Aber so langsam merkte ich, dass es vielleicht, trotz allem, auch für mich im Arbeitsleben einen Platz gab. Die Menschen schienen es okay zu finden, mir eine Weile zuzuhören. Viele brachten sogar zum Ausdruck, dass sie es sehr zu schätzen wussten.

Eine entscheidende Rolle spielte für mich, dass die Menschen so freundlich und großzügig auf mich zukamen. In den Ohren mancher mag es vielleicht esoterisch klingen, aber ich sage voller Überzeugung – dass dies für mich Karma war. Schließlich hatte ich siebzehn Jahre lang gelernt, immer mehr auf die schönste Stimme in mir zu hören. Das hatte eine Wirkung. Die Welt war mir jetzt wohlgesinnt.

Und dann rief mittendrin das schwedische Fernsehen an. »Stina Dabrowski hat Sie im Kloster in Thailand interviewt. Stinas Ehemann Kjell ist Produzent der Sendung ›Sommerabend mit Anne Lundberg‹. Besuchen Sie uns doch und erzählen Sie uns, wie es ist, wieder zu Hause zu sein, und wie es Ihnen jetzt geht.« In meinem Inneren protestierte ich: »*Nein, nein, nein! Ihr glaubt, da kommt einer und sitzt erleuchtet von zeitloser Weisheit auf dem Sofa. Aber ich fühle mich immer noch ganz unglücklich und verwirrt.*« Gleichzeitig hörte ich mich sagen: »Ja, ich komme sehr gerne in die Sendung.« Was war das denn?

So nahm ich also im Juni 2010 an der Aufzeichnung der Sendung teil. Gegen Ende fragte Anne Lundberg mich, ob es etwas gebe, wonach ich mich sehnte. Ich antwortete: »Ich sehne mich danach, mich zu verlieben.« Nach der Sendung umarmte mich der Produzent Kjell Dabrowski und sagte: »Das war die reizendste Kontaktanzeige, die ich jemals erlebt habe!«

Ein paar Wochen später, noch ehe die Sendung ausgestrahlt wurde, meldete Elisabeth sich auf Facebook. Sie war die Freundin eines Freundes und wir waren uns einmal bei einem Essen vor zwanzig Jahren begegnet. Ich lud sie ein, nach Falsterbo zu kommen, wo ich damals wohnte. Elisabeth hatte kurz zuvor an einem Workshop teilgenommen, dessen Leiter berichtet hatte, wie viel es ihm bedeutete, einen spirituellen Mentor gefunden zu haben. Und so fragte Elisabeth mich nun, ob ich vielleicht ihr spiritueller Mentor sein könnte. Ich hatte allerdings ganz andere Pläne.

Auf dem Parkplatz der Burgruine Falsterbohus stieg Elisabeth aus ihrem Mietwagen aus. Wir waren beide etwas schüchtern, ließen uns aber nichts anmerken. Wir lachten über meinen Sonnenbrand, den ich mir am Strand zugezogen hatte, und fuhren mit dem Rad nach Skanör. Elisabeth erzählte ziemlich viel und verschluckte deshalb ein paar Insekten. Darüber amüsierten wir uns ebenfalls sehr. Es war ungewöhnlich vertraut. Mein Gefühl sagte: *Wir beide, ganz klar! Diese Frau will ich an meiner Seite haben. Bei Regen und bei Sonnenschein.* Ich hatte einen spritzigen Rosé im Kühlschrank und auf dem Herd stand mein berühmtes Fischragout. Wir aßen auf der Terrasse. Die Schwalben flogen hoch. Das tat auch mein Herz.

Elisabeth wurde das Beste in meinem Leben. Sie ist für mich immer wie Medizin gewesen. Unsere physische Nähe und Zärtlichkeit ist Medizin. Unser gemeinsamer Alltag, der Alltag mit ihren erwachsenen Kindern ist Medizin. Was sie kocht, ihre Liebe, ihr Lebensmut; der Humor, das Lachen; die Weisheit, die sie mit jedem Atemzug ausstrahlt – Medizin. Wie alle Liebenden haben auch wir es manchmal schwer. Wir berühren die Wunden des anderen, fast immer unfreiwillig. Aber gerade die tief verborgenen Verletzungen müssen im liebevollen Licht der Achtsamkeit an die Oberfläche kommen dürfen. Alles ist also, wie es sein soll. Sogar in dieser Hinsicht. Zum Glück haben wir beide längst begriffen, wie unfruchtbar es ist, darüber zu streiten, wer recht hat und wer nicht, und so bleiben wir nur selten länger an Vorwürfen hängen. Einmal sprach ich im Schlaf zu Elisabeth. Sie lag wach neben mir und hörte, was ich sagte. In meinem Traum bezeichnete ich sie als *Geschenk*. Und genau das ist sie.

Als Elisabeth und ich heiraten wollten, bat ich sie um ihre Zustimmung für eine ungewöhnliche Inschrift in meinem Trauring. Sie gab mir gerne ihren Segen dafür, denn sie wusste, welche Bedeutung diese Worte für mich haben. Als die Goldschmiedin meinen Wunsch hörte, lachte sie. So etwas Unromantisches hätte sie noch nie in einen Ring graviert.

Die Worte, die in meinem Ring stehen sollten, hörte ich zum ersten Mal vor fünfundzwanzig Jahren. In einer sternenklaren Nacht in Thailand erzählte uns unser Lehrer Ajahn Jayasaro eine Geschichte aus dem Mittleren Osten, die aus dem 13. Jahrhundert stammt. Ein persischer König war berühmt für die sagenhafte Weisheit, mit der er sein Reich lenkte. Einer der Bewohner seines Landes wollte unbedingt wissen, was hinter der klugen Regentschaft des Königs steckte. Wochenlang begab sich der Mann auf Wanderschaft, bis er den Palast des Königs erreichte, wo er schließlich eine Audienz erhielt. Als der Mann vor dem König kniete, fragte er ihn: »Mein hochverehrter König, welches Geheimnis steckt hinter Eurer gerechten, glücklichen und gepriesenen Art, unser Land zu regieren?« Der König zog seinen goldenen Ring vom Finger, gab ihn dem Besucher und sagte: »Dort in dem Ring findest du mein Geheimnis.« Der Mann hielt die Innenseite des Rings ins Licht, blinzelte etwas und las dann laut:

»*This too shall pass*«

Nichts währt ewig. Alles ist vergänglich. Das ist die schlechte Nachricht. Aber auch die Gute.

Bei sich selbst anfangen

Es gibt kaum etwas Schwierigeres, als glaubwürdig über die Liebe zu sprechen. Die Liebe zu anderen und die Liebe zu uns selbst. Knifflig ist es deshalb, weil es die größte Verletzlichkeit in uns Menschen berührt. Aber deshalb ist es auch so wichtig.

Buddha unterschied vier himmlische Geisteshaltungen. Sie werden Brahmavihāra genannt – Wohnstätten der Götter, da die Götter in diesen Geisteszuständen verweilen. In ihnen verweilt auch das Göttliche und Schöne in uns.

Eines der göttlichen Gefühle ist *Liebende Güte.*

Eines davon ist *Mitgefühl.*

Eines davon ist etwas, für das wir in der westlichen Welt kein gutes Wort haben: Muditā – die dem Menschen innewohnende Fähigkeit, sich am eigenen Glück und Erfolg sowie an dem anderer zu erfreuen. Wenn wir den Begriff mit *Mitfreude* übersetzen, trifft es das Gemeinte recht gut, denn es beschreibt unser Gefühl der Freude, wenn jemand, den wir mögen, Erfolg hat, wenn es ihm gut geht, er froh ist.

Die vierte göttliche Grundhaltung klingt vielleicht etwas überraschend: Upekkhā. *Gleichmut.* In diesem Gefühl liegt große Weisheit. Nicht selten beschreibt es die Empfindung im Zustand des Gewahrseins. Es umfasst etwas Zärtliches,

Hellwaches, eine Art aufmerksames Staunen. Etwas in uns, das in der Lage ist, alles wahrzunehmen und dabei zu verstehen, dass es im jeweiligen Augenblick nicht anders sein könnte.

In seinen Lehren, wie man diese göttlichen Gefühle, diese wunderschönen Orte des Verweilens im menschlichen Herzen fördert, erklärt Buddha sehr deutlich und einfach: *Du musst stets bei dir selbst anfangen.*

Solange wir uns selbst kein Mitgefühl entgegenbringen können, wird es auch anderen gegenüber immer unvollkommen und in gewisser Weise fragil bleiben. Wenn wir unsere Liebesfähigkeit fördern möchten, müssen wir unserem eigenen Inneren liebevoll begegnen können. Leider haben das viele von uns vergessen oder räumen diesem Aspekt eine geringere Priorität ein. Wir neigen dazu, uns selbst gegenüber streng und selbstkritisch zu sein, und übersehen dabei, dass auch wir Mitgefühl verdient haben. Vor allem, wenn es uns nicht besonders gut geht.

Wäre es nicht schön, wenn wir unseren inneren Verletzungen mit etwas mehr Sensibilität, Geduld und Empathie begegnen könnten? Wäre es in einer solchen Situation nicht lohnend, uns offen und ehrlich interessiert zu fragen: »*Kann ich mir selbst jetzt auf eine Weise helfen, dass es mir nicht unnötig lange so geht? Kann ich etwas für mich tun, damit es leichter wird, ich selbst zu sein?*«

Auf der intellektuellen Ebene fällt uns das häufig schwer. Wie oft kommt es vor, dass unser Herz zu uns sprechen will, aber der Kopf mit lauter Stimme dagegenhält: »*Mir sollte es nicht so schlecht gehen. Ich sollte auf diese Geschichte nicht so stark reagieren. Ich sollte nicht so leicht beleidigt, verletzt, so eifersüchtig, so neidisch sein.*« Aber eins ist sicher – wenn unsere Gefühle so heftig sind, helfen uns Ermahnungen gar nichts. Warum wenden wir uns nicht stattdessen dem Ort zu, an dem es hakt, und versuchen, ihn mit so viel Mitgefühl und Verständnis zu betrachten, wie uns möglich ist. Wir sollten darauf achten, ob wir einen Weg finden, um den dunklen Gedanken entgegenzutreten und sie ans Licht zu holen, ohne an ihre Botschaften zu glauben.

Sobald wir anfangen, uns selbst in einem verständnisvolleren Licht zu betrachten, fällt es uns automatisch leichter, diese Haltung auch gegenüber unserem Umfeld zu entwickeln. Aber solange wir uns weiterhin von außen aus dieser harten und fordernden Perspektive wahrnehmen, können wir auch anderen nicht uneingeschränkt liebevoll begegnen.

Wir müssen nicht einmal das Wort Liebe benutzen, wenn wir es zu groß finden. Eines meiner großen Vorbilder unter den Mönchen war Ajahn Sumedho – ein hochgewachsener Amerikaner, im selben Jahr geboren wie mein Vater. Er hatte sich nach und nach angewöhnt, *Nicht-Aversion* zu sagen statt »Liebe«. Das ist zwar nicht gerade ein sehr gefühlsbetonter Begriff, aber er mag als Zielsetzung realistischer sein. Wie können wir unsere Fähigkeit zur Nicht-Aversion stärken? Die Fähigkeit, keine negativen, ablehnenden Gedanken gegenüber etwas zu entwickeln, das wir bei uns selbst oder bei anderen wahrnehmen?

Viele Menschen haben ein geringes Selbstwertgefühl, weil sie sich als unzulänglich und minderwertig empfinden. Sie meinen, sie hätten keine Anteilnahme verdient. Aber wenn wir darauf warten, dass unser Selbstwertgefühl plötzlich von alleine größer wird, und meinen, wir hätten es erst dann verdient, von anderen geliebt zu werden, besteht ein erhebliches Risiko, dass wir vergebens warten.

Welche Voraussetzungen müssten denn erfüllt sein, damit wir Selbstliebe verdient haben? Wie gut, sympathisch und erfolgreich müssten wir werden? Wie lange sollen wir für unsere kleinen Verfehlungen büßen? Wie fehlerfrei müssen wir all das erledigen, was wir uns vornehmen? Werden wir jemals ans Ziel kommen?

Wir täten alle gut daran, uns häufiger daran zu erinnern, dass wir die Dinge so gut machen, wie wir können. Auch alle anderen tun das. Manchmal mag es schwer zu erkennen oder zu verstehen sein, aber die meisten von uns wollen das Gute, fast immer. Manchmal gelingt uns, was wir möchten, manchmal wird es gut, und manchmal gelingt es eben nicht. Aber wir täten gut daran, unser Umfeld und uns selbst grundsätzlich aus einer solch positiven Perspektive zu betrachten.

Nur eine unserer Beziehungen währt das ganze Leben, vom ersten bis zum letzten Atemzug. Das ist natürlich die Beziehung zu uns selbst. Sollte nicht gerade diese von Herzlichkeit und Mitgefühl geprägt sein? Von der Fähigkeit zu verzeihen, die kleinen Missgeschicke zu vergessen? Wie wäre es, wenn wir uns mit sanften, freundlichen Augen betrachten und unsere Unvollkommenheiten mit etwas mehr Humor sehen könnten? Wie wäre es, wenn wir uns dieselbe liebevolle Aufmerksamkeit schenken könnten wie unseren Kindern oder anderen Menschen, die wir bedingungslos lieben? Das würde uns so guttun. Und die göttlichen Gefühle in uns würden voll zur Entfaltung kommen.

Ein Leben in Hosen

Zurück zum Häuschen in Knäred. Ich hatte ein umfassendes Leben wiedergewonnen, meine neue berufliche Laufbahn nahm langsam Formen an. Aber Schweden schien mir mittlerweile härter zu sein als das Land, an das ich mich erinnerte. Die Gräben waren tiefer geworden. Der Stress hatte zugenommen. Alle redeten von Leistung und Kontrolle. Ich aber war siebzehn Jahre lang ermuntert worden loszulassen! Außerdem hatte ich festgestellt, dass es mir viel mehr zusagte, mit anderen zusammenzuarbeiten, als mit ihnen zu konkurrieren. Aber darauf war man in der Gesellschaft, in die ich zurückgekehrt war, nicht sehr fokussiert.

Ich erinnere mich, dass ich damals einen alten Freund aus der Zeit an der Handelshochschule wiedertraf. Er erkundigte sich neugierig nach meinem Businessplan, nun, nachdem ich wieder zu arbeiten angefangen hätte. Ich antwortete, mein Geschäftsplan bestehe darin, durch Türen zu gehen, die sich öffneten. Er war nicht sonderlich beeindruckt. Aber für mich war es fraglos das einzig richtige Konzept, und das ist es nach wie vor. Wenn die Intuition nicht »*Nein*« flüstert, folge ich diesem Ansatz.

Und wie es funktionierte! Plötzlich durfte ich hundertfünfzig Gewerkschaftsmitglieder bei einer Meditation durch die Geheimnisse der Achtsamkeit führen. Am nächsten Tag gab ich mein magisches Lieblingsmantra an achtzig Risikokapitalgeber aus der ganzen Welt weiter. Was für ein Geschenk! Ich, der immer daran gezweifelt hatte, ob ich gut genug war, so wie ich war. Ich, der es nie als selbstverständlich erachtet hatte, dass ich etwas beizutragen habe. Dass es in der Arbeitswelt einen Platz für mich gibt, an dem ich mich auf wertvolle Weise einbringen und Menschen etwas mitteilen kann, das sie interessiert. Ich erlebte auf einmal, dass andere auf mich zukamen und großzügig eine Möglichkeit nach der anderen für mich schufen, damit ich genau das tun konnte – im Rahmen von Retreats, Vorträgen, Podcasts, Fernseh- und Radiointerviews, ja sogar auf einer eigenen Tournee.

Ich hätte nie zu träumen gewagt, dass es so kommen könnte, schon gar nicht in der dunkelsten Zeit, als es am schwierigsten war. Jedes Mal, wenn ich aufgrund des ehrlichen Feedbacks der Menschen erleben durfte, dass ich ihnen etwas geben konnte, heilte etwas in mir. Wenn ich nun auf mein berufliches Leben zurückblicke, fühle ich mich gewissermaßen durchgeschüttelt wie nach einer Achterbahnfahrt. *What a ride!*

Ich habe auch den Eindruck, als hätten die Menschen in Schweden in den letzten Jahren angefangen, wieder so etwas wie Demut zu entwickeln. Immer mehr Menschen sind offenbar bereit, der Welt nicht länger mit unumstößlichen Überzeugungen zu begegnen, sondern sich nach innen zu wenden, neue Perspektiven auszuprobieren und die alten infrage zu stellen. Das lässt hoffen.

Das *Vertrauen* war ein konstanter Stützpfeiler auf meinem

Weg zurück ins Arbeitsleben. Vielleicht war es wichtiger denn je, mein Wissen an andere weiterzugeben, das Leben mit geöffneter Hand zu leben und auf das Universum zu vertrauen, anstatt ständig zu versuchen, die Umstände zu beeinflussen, um zu bekommen, was ich wollte. Natürlich war es ein gewaltiger Unterschied, ob ich das in einem Leben als buddhistischer Waldmönch tat oder in einem »Leben in Hosen« in einer westlichen Gesellschaft. Aber Letzteres war mindestens genauso wichtig. In unserer westlichen Gesellschaft neigen wir dazu zu glauben, wir könnten steuern, wie sich unser Leben entwickelt, und sollten das auch tun. Aber da täuschen wir uns.

Ich erinnere mich an eine Begebenheit, die sich ein paar Jahre, nachdem ich die Mönchsrobe abgelegt hatte, zutrug. Ich hatte mir das Auto meiner Eltern ausleihen dürfen, weil ich noch kein eigenes besaß, und war gerade auf dem Heimweg zu ihnen. Ich kam von einem Jahrestreffen schwedischer Golfclub-Manager, das im Golfhotel Hooks Herrgård stattgefunden hatte. Dort hatte ich den Auftrag gehabt, die Gesellschaft zu unterhalten – einer der vielen unerwarteten Jobs für einen alten Waldmönch. Als ich Richtung Stockholm fuhr, klingelte das Handy. Der Fernsehsender TV4 fragte an, ob ich an einer Morgensendung teilnehmen wolle, um über Veränderungen in fortgeschrittenem Alter zu sprechen.

Am Vortag war ein Zweiundneunzigjähriger zu Gast gewesen, der gerade als Autor von Krimis debütiert hatte, und die Sendung hatte großen Anklang gefunden. Ich konnte mir sehr plastisch das Brainstorming während der Redaktionssitzung vorstellen: »*Haben wir noch irgend so einen älteren*

Mann, der in seinem späteren Leben eine Kehrtwendung vollführt hat? War da nicht in Göteborg so ein verstaubter Ex-Mönch? Den könnten wir doch vielleicht einladen?«

Ich war dumm genug zuzusagen. Natürlich lag ich die ganze Nacht vor lauter Nervosität wach. Nach wie vor sagte mir mein Selbstbild, ich hätte nicht viel zu bieten, und ich war gelinde gesagt angespannt, zum ersten Mal an einer Livesendung teilzunehmen.

Zittrig aufgrund des Schlafmangels und meiner Nervosität, begab ich mich am nächsten Morgen zum Studio des Fernsehsenders TV4. Die Moderatoren Peter Jihde und Tilde de Paula begrüßten mich sehr freundlich und nach einer Weile nahmen wir Platz und begannen zu reden. Die Kameras liefen. Irgendwann im Gespräch sagte ich etwas wie: »Na, Sie wissen ja, manchmal schließt sich im Leben eine Tür, noch bevor sich die nächste geöffnet hat. Etwas ist nicht mehr so stimmig wie bisher – eine Beziehung, die Arbeit, die Wohnsituation, die geografische Heimat. Etwas ist zu Ende, aber das Nächste ist noch nicht aufgetaucht. Wir leben dann plötzlich in einer größeren Unsicherheit. Was stützt uns dann? Ist es in einem solchen Fall nicht sehr wertvoll, innerlich von einem gewissen Maß an Vertrauen erfüllt zu sein?«

Peter Jihde ähnelt einem freundlichen Fragezeichen. Als Comicfigur hätte über seinem Kopf eine Sprechblase geschwebt mit etwa folgendem Inhalt: *»Keine Ahnung, wovon du redest, aber ich mag dich.«* Tilde de Paulas Körpersprache drückte deutlich mehr Skepsis aus. In ihrer Sprechblase hätte vermutlich gestanden: *»Ja ja, der kann leicht von Vertrauen reden – siebzehn Jahre lang Unterkunft und Verpflegung* *gratis.*« Sie drückte das sehr viel eleganter aus, etwa so: »Ja, aber Björn. Die Kinder müssen in die Vorschule, das Essen muss auf dem Tisch stehen, man kann nicht immer im Vertrauen ruhen.«

Ich war auf diesen Einwand vorbereitet. Ich weiß, dass es andere manchmal provoziert, wenn man anfängt, von Vertrauen zu sprechen. Aber ich hatte die ganze Nacht beunruhigt wach gelegen und genug Zeit gehabt, mir zu überlegen, was ich erwidern könnte. Ich antwortete: »Unbedingt, Tilde, Sie haben recht. Ich bin ganz Ihrer Meinung. Nicht immer ist Vertrauen die Antwort oder die Lösung. Es gibt Situationen, da muss Kontrolle sein. Wenn wir uns mal dem großen, wunderbaren Schatz an Weisheiten zuwenden, den wir Islam nennen, stoßen wir auf viele kluge Redensarten. In einer der Nebenschriften des Korans steht zu lesen: ›*Vertraue auf Allah, aber vergiss nicht, dein Kamel anzubinden.*‹«

Das ist nicht spöttisch gemeint, auch wenn die Redensart amüsant ist. Ich liebe diese Weisheit und habe sie immer parat. Wie leicht bleibt man in einem Entweder-oder stecken und glaubt, dass man immerzu im Vertrauen leben sollte und sich darauf stützen muss, egal wie die Umstände sind. *Nein, nein, nein!* Wenn es zum Beispiel um die Steuererklärung geht, ist Vertrauen gar keine gute Idee. Da ist Kontrolle angesagt. Wenn es darum geht, rechtzeitig irgendwohin zu kommen, um an etwas teilzunehmen, was man seinen Kindern versprochen hat, dann ist wahrscheinlich eine gewisse Planung erforderlich. Aber meines Erachtens müssen in dieser Zeit und in diesem Teil der Welt viele von uns immer mal daran erinnert werden, wie wertvoll Vertrauen ist. Und Zuversicht.

Für mich ist das Vertrauen zu einem meiner besten Freunde geworden. Wenn ich versuchen soll, den weiteren Weg in meinem Leben zu finden, dann besteht mein Kompass aus Vertrauen sowie der Intelligenz des Augenblicks. Ich will mir selbst vertrauen können und ich will dem Leben vertrauen können.

Der Sinn des Lebens: die eigene Begabung für andere einsetzen

Manchmal wird mir fast schwindlig, wenn ich daran denke, wie es hätte kommen können, wenn ich meine Karriere als Diplom-Kaufmann weiterverfolgt hätte. Noch heute erinnere ich mich an das Gefühl morgens in der Bahn nach Lidingö auf dem Weg zum Hauptbüro des Konzerns, ein halbes Jahr nach Abschluss der Handelshochschule. Jeden Morgen gebärdeten sich die Gedanken laut drängelnd und schubsend wie eine chaotische Schulklasse. Zu allem, was ich zu erledigen und zu leisten hatte, schrien sie durcheinander. Im Hintergrund lauerte das unablässig nagende Gefühl, ich sei nicht gut genug vorbereitet, ich hätte vielleicht nicht alles durchdacht, und sicher, so befürchtete ich, konnte eine Menge schiefgehen. Das alles lag mir schwer wie ein Stein auf der Brust. *Soll so mein Berufsleben aussehen? Soll ich ständig ängstlich überlegen, ob ich gut genug vorbereitet bin? Wenn das so ist, können wir dann vielleicht rasch bis zum Ruhestand vorspulen? Was macht es mit einem Menschen, wenn ihn ein Großteil seiner Zeit solche Gedanken beschäftigen?*

Zum Glück habe ich etwas anderes gefunden, womit ich meine Tage ausfüllte und wodurch ich dem Szenario entging, mich in meinen eigenen Präferenzen, Hoffnungen und Befürchtungen zu verfranzen. Dadurch konnte ich bewusst wahrnehmen, dass das Leben hier und jetzt stattfindet. Es ist so unglaublich viel schöner, auf diese Weise zu leben, und ich empfinde große Freude darüber, dass ich meine gegenwärtige Arbeit auf dieser Basis gestalten kann.

Auch dabei geht es um Vertrauen. Wenn ich zum Beispiel Vorträge halte, habe ich kein Manuskript. Natürlich ist es nicht verkehrt, eins zu haben. Aber nach meinem Gefühl würde mit einem flotten Manuskript jedes Mal etwas in mir welken, wenn ich dieselben Notizen unzählige Male wiedergeben würde. Und ich glaube, das würden auch die Zuhörer so empfinden. Es wäre nicht so »echt«.

Zu dem Mutigsten, was ich je gemacht habe, gehört die landesweite Vortragstournee 2019. Wir nannten sie *Schlüssel zur Freiheit*. Das klingt ein bisschen anmaßend, aber das Leben hatte sich mehr denn je als zu kurz erwiesen, um auf ein Feedback von anderen zu warten, deshalb legten wir einfach los. Caroline Bankler, eine Freundin und getreue Mitstreiterin, kümmerte sich unermüdlich um die praktischen Dinge. Geplant war, acht bis zehn Städte zu besuchen, daraus wurden vierzig. Nie hatte ich mich zuvor so getragen gefühlt. Die vertrauensvolle Offenheit, die mir von mehr als zwanzigtausend Zuhörern entgegengebracht wurde, ist noch immer kaum fassbar.

Im Vorfeld hatte ich andere Vortragsredner gefragt: »Was haltet ihr von der Idee, dass ein weißer Mann mittleren Alters mit sehr zurückhaltender Körpersprache zwei Stunden lang ohne Manuskript, ohne Pause, ohne Musik oder Bilder vor dem Publikum auf der Bühne sitzt?« Niemand schätzte die Strategie unmittelbar als Erfolgsrezept ein, was äußerst verständlich war. Eigentlich war das Ganze reichlich exzentrisch. Aber es funktionierte. Zwar gab es kein Manuskript oder auch nur einen erkennbaren Plan, aber viel guten Willen und eine gute Absicht. Und ich habe gelernt, darauf zu vertrauen. Außerdem scheinen die Menschen diese Spontaneität zu schätzen.

Langsam hatte das Leben zu Hause in Schweden einen Rhythmus gefunden. Nicht so wie im Kloster, aber es entwickelte sich eine andere Art Rhythmus: mein Alltag mit Elisabeth, die geleiteten Meditationen sowie die Meditationswochenenden, zu denen ich eingeladen wurde, Vorträge für die Wirtschaft, Essenseinladungen von Freunden und weltweite Reisen, um Klöster zu besuchen oder spirituellen Lehrern zuzuhören. Das war nicht das Leben, das ich geführt hatte, ehe ich Mönch wurde. Es war etwas Neues. Und mir fiel auf, dass ich keine größeren Einwände dagegen hatte. Es gefiel mir.

Aber etwas lief dem Rhythmus entgegen. Subtile Details, die anders als sonst waren. Der Schlaf glänzte weiterhin durch Abwesenheit. Ich schlief bleiern vor Müdigkeit ein, wachte aber oft viel zu früh auf und konnte dann nicht wieder einschlafen.

Bei meinen Joggingrunden fiel mir auf, dass der Körper nicht wie gewöhnlich funktionierte. Es war, als würde ich immer schneller immer schwächer, und ich verlor Muskelkraft. Eines Tages merkte ich, dass ich keine Liegestütze und keine Sit-ups mehr machen konnte.

Irgendetwas stimmte nicht. Etwas im Körper signalisierte mir, aufmerksam zu sein.

Eines Abends, als Elisabeth und ich nebeneinander im Bett

lagen, jeder mit seinem Buch, sah sie mich plötzlich an und fragte, warum es in meinem Körper zucke.

Ich legte das Buch beiseite und sah selbst, wie es in den Brustmuskeln, im Bauch und den Armen zuckte, ohne dass ich es stoppen konnte. Es handelte sich nicht etwa um eine Art Erdbeben im Körper, das waren kleine zitternde Bewegungen. Muskelzuckungen.

Ich griff zum Handy und fing an, nach den körperlichen Veränderungen zu suchen, die mir aufgefallen waren. Das Ergebnis der Suche stimmte mich nicht gerade optimistisch.

Einmal Vertrauen, hin und zurück

Mein bester Freund in Thailand hieß Tejapañño. Wir beide hatten uns gegenseitig die Haare abgeschnitten und waren gleichzeitig Novizen geworden. Tejapañño war so ein »Hero«. Er stammte aus Neuseeland, war ein alter Großmeister im Wellenreiten und einer der schönsten Männer, die ich in meinem Leben gesehen habe. Bei unseren Almosenrunden ging ich vor ihm, weil ich eine Minute vor ihm Novize geworden war. Meistens traten die Frauen aus dem Haus und legten uns Essen in die Schalen. Bei mir sahen sie zu Boden, wie es Brauch ist, und verbeugten sich leicht, die Handflächen aufeinandergelegt. Wenn sie Tejapañños Schale füllten, wandten sie oft das Gesicht nach oben und schenkten ihm ihr strahlendstes Lächeln. Ich konnte es ihnen nicht verdenken.

Beim Thema Vertrauen fällt mir eine Reise ein, die Tejapañño und ich gemeinsam unternommen haben. Wir sollten nach Malaysia fahren, um unsere Visa zu erneuern. Sobald man ein vollwertiger Mönch war, half einem das Amt für religiöse Angelegenheiten in Bangkok mit dem Visum, aber solange man ein Novize war, musste man sich selbst darum kümmern. Wenngleich wir als Waldmönche kein Geld verwendeten, fehlte es dem Kloster nicht an finanziellen Mitteln. Es gab eine Laienstiftung, der Geld gespendet wurde, sodass genug vorhanden war. Wenn also unser Abt der Leitung zuflüsterte, zwei Novizen benötigten Zugfahrkarten nach Malaysia, um im thailändischen Konsulat in Penang ihre Visa zu erneuern, dann wurde das problemlos geregelt. Wir nahmen den Nachtzug nach Bangkok und am nächsten Morgen warteten auf dem Bahnsteig zwei entzückende Frauen mit Essen auf uns. Am Nachmittag erreichten wir die Stadt Butterworth auf dem Festland gegenüber der Insel Penang.

Die Fähre dorthin kostete ein paar malaysische Dollar. Was sollten wir jetzt tun? Wie schon gesagt, durfte man als buddhistischer Mönch nicht betteln.

Wir sahen uns an und stellten lachend fest, dass dies eine gute Gelegenheit war, uns in Geduld und Vertrauen zu üben. Wir stellten uns im Fährterminal in angemessenem Abstand zum Fahrkartenschalter auf. Wir standen dort einige Stunden. Menschen kamen vorbei und plauderten zwischendurch auch mal mit uns. Schließlich kam ein junger Amerikaner auf uns zu.

»Hallo, cool, westliche Mönche!«

»Hallo, hallo.«

»Eure Roben sind anders als die orangeroten, die man in Bangkok sieht. Eure sind eher ockerfarben, seid ihr Waldmönche?«

»Ja, das sind wir.«

»Was macht ihr hier?«

»Äh … ja, wir … wir stehen hier …«

»Das ist immerhin ein Fährterminal. Kommt mir irgendwie ein bisschen komisch vor, hier Waldmönche zu sehen. Solltet ihr nicht im Wald sein?«

»Richtig, das wäre das Normale …«

»Ich habe neulich mit jemandem über Waldmönche gesprochen. Stimmt es, dass ihr versucht, fast wie seinerzeit Buddha zu leben?«

»Ja, doch, das stimmt.«

»Ist es wahr, dass ihr überhaupt kein Geld verwendet?«

»Ja, korrekt.«

»Und trotzdem, jetzt steht ihr hier?«

»Genau …«

»Kann es sein, dass ihr hofft, mit der Fähre mitzukommen, aber euch keine Fahrkarten kaufen könnt?«

»Das hat seine Richtigkeit.«

»Ach, du liebe Güte, na klar! Ich helfe euch. Das kostet ja fast nichts. Lasst mich euch zwei Rückfahrkarten kaufen. Das erledige ich!«

Wenn du von Klöstern, Nonnen, Mönchen, Regeln und altmodischen Traditionen liest, ist es nicht verwunderlich, wenn du all das mit Kontrolle, festgelegten Abläufen, Einschränkungen und Abschirmung verbindest. Du solltest allerdings wissen, dass wir nicht so lebten. Wir waren durchaus exponiert und jeden Tag von der Großzügigkeit anderer Menschen abhängig. Das Klosterleben war darauf ausgerichtet, den Grad der Unsicherheit zu erhöhen. Und das Ergebnis dieses Trainings ist sehr gut.

Auch in der »normalen Welt« wird mir das immer wieder aufs Neue bestätigt. Niemand von uns lebt in einem zufälligen, kühlen und feindlichen Universum – im Gegenteil. Was wir selbst in der Welt in Gang bringen, das kommt tendenziell auch zu uns zurück. Je mehr wir dazu neigen, die Umstände in unserem Leben zu kontrollieren, desto unangenehmer ist es für uns, wenn wir daran erinnert werden, dass es so etwas wie Vertrauen und Zuversicht gibt. Uns geht die Erfahrung verloren, wie hilfreich Vertrauen sein kann. Und es wird Situationen geben, in denen wir uns auf nichts anderes stützen können als auf das Vertrauen.

Der Befund

Am 11. September 2018 goss es in Strömen. Als ich in der neurologischen Abteilung des Krankenhauses von Varberg auf dem Weg zum Arzttermin war, fühlte ich mich wie ein Soldat kurz vor der Schlacht. Gleichzeitig gefasst und ängstlich. So bereit, wie man sein konnte, wenn die Welt vielleicht schon bald auf den Kopf gestellt sein würde.

Nachdem mir aufgefallen war, dass sich mein Körper ungewöhnlich benahm, hatte ich mir Hilfe gesucht. Ich hatte während des Sommers eine Reihe sehr unangenehmer Tests durchführen lassen müssen. In einem Fall wurde mir im Rahmen der Untersuchungen eine Nadel durch die Zunge gestochen, ein anderes Mal erhielt ich mehrere Hundert, zunehmend starke Elektroschocks an verschiedenen Körperteilen. Natürlich wuchs in mir der Verdacht, dass es etwas Ernstes war. Ich hatte meine Symptome gegoogelt und wusste, welches der schlimmste Befund war, den man mir unterbreiten konnte. Mein Bauchgefühl sagte mir, dass ich mich genau darauf einstellen sollte. Nachdem die Ärztin mir sachlich die Ergebnisse der Untersuchungen mitgeteilt hatte, schien sie zunächst Anlauf zu nehmen, und dann sagte sie etwas, das sie mir eigentlich lieber nicht hätte sagen wollen: »Alles deutet darauf hin, dass Sie ALS haben, Björn.«

Drei kleine Buchstaben. ALS. Der Albtraum schlechthin. Die »Krankheit des Teufels« nennt eine Zeitung diese Erkrankung. Sie führt dazu, dass die Muskeln nach und nach schwinden, bis der Körper es nicht mehr schafft zu atmen. Die moderne Medizin hat kein Mittel gegen ALS, deshalb heißt es, die Krankheit sei unheilbar. Ich sagte der Ärztin, bei Wikipedia hätte ich gelesen, man habe von der Diagnose an noch drei bis fünf Jahre zu leben. »In Ihrem Fall handelt es sich meiner Meinung nach eher um *ein* bis fünf Jahre«, antwortete sie. Zur Stunde, da dies geschrieben wird, liegt das Gespräch ein Jahr und neun Monate zurück.

Mir fiel irgendwann auf, dass das Leben zeitweise auf zwei Ebenen gleichzeitig ablief. Auf einer persönlichen Ebene warf mich die Diagnose förmlich um. Die Verzweiflung und der Schock wühlten mich auf. Ich weinte und schluchzte. Gleichzeitig stand ein anderer Teil von mir absolut stabil da und begegnete der neuen Wirklichkeit mit sanften, weit geöffneten Augen. Ohne den geringsten Widerstand. Es war sonderbar, fühlte sich aber nicht fremd an. Ich hatte noch immer diesen Teil in mir, an den ich mich anlehnen konnte – das *Gewahrsein*. Das immer wach ist und nie in Konflikt mit der Wirklichkeit tritt.

Ich hatte eine gute Ärztin. Sie war empathisch und begegnete mir angesichts meiner Bestürzung aufmerksam und zugewandt. Ich versuchte mich so gut es ging zusammenzunehmen, denn um keine wichtige Information zu verpassen, wollte ich alles, was sie sagte, mit dem Handy aufnehmen. Sie ging alles mit mir durch, was vor uns lag, und dann verließ ich ihr Sprechzimmer. Sobald ich die Tür geschlossen hatte, brachen alle Dämme. Als ich meinen Freund Navid anrief, schluchzte ich so sehr, dass ich am ganzen Leib zitterte. Meine geliebte Elisabeth und ich hatten verabredet, dass ich ihr den Befund, wie immer er auch lauten mochte, nicht am Telefon sagte, sondern erst, wenn ich zu Hause war. Wir hatten uns ja beide vor dem Befund gefürchtet. So leistete mir also Navid über das Handy Gesellschaft, während ich durch die seelenlosen, endlosen Krankenhausflure hinaus in den strömenden Regen und bis zum Auto ging. Dort hatte ich das Gefühl, die Heimfahrt allein zu schaffen, und wir legten auf. Es ging so einigermaßen.

Die Traurigkeit kam in Wellen. Als ich auf die Autobahn abbog, stiegen die Tränen gewaltsam aus einer solchen Tiefe auf, dass es mich schüttelte. Die Gedanken waren unerträglich. »*Ich dachte, ich würde mit Elisabeth alt werden. Ich hatte mich so auf meine Bonusenkel gefreut und darauf, sie aufwachsen zu sehen.*«

Dann rief ich einen anderen Freund an, den »Feuerwehrmann« Lasse Gustavson. Lasse ist eine der wunderbarsten Seelen, die zu treffen ich jemals die Ehre hatte. Er ist wie ein Leuchtturm in meinem Leben. Selbst bei sehr stürmischer See, in der Nähe der gefährlichsten Felsen kann ich mich diesem Leuchtturm zuwenden, sehe ich sein Leuchten. Und das Licht signalisiert immer dasselbe, überzeugend und glaubwürdig: *Alles ist so, wie es sein soll. Immer. Das Universum macht keine Fehler.*

Lasse fing mich emotional so lange auf, bis ich nur noch sieben bis acht Minuten von zu Hause entfernt war und mich genügend beruhigt hatte, um das letzte Stück allein zu bewältigen. Ich war für den Moment wie ausgeweint. Leer. Der Sturm war abgeflaut und mein Körper fühlte sich entspannt an. Die Brust war frei und leicht und ich war innerlich absolut still. Ich dachte an nichts, verweilte einfach in der Ruhe und erlebte vollkommenes Gewahrsein.

Gerade als ich von der Autobahn abfahren wollte, stieg in meinem Inneren etwas auf. Wieder sprach die kluge, intuitive Stimme zu mir, meldete sich vom selben Ort wie schon mehrmals früher. Sie drückte sich nicht so umständlich aus, wie ich es jetzt tun werde – eigentlich nahm ich gar keine Worte wahr, sondern hatte eher eine Art Eingebung –, aber die Botschaft war sehr klar:

Ich DANKE allen Kräften, allen Beteiligten dafür, dass ich so viel Ermutigung erfahren habe, so lange ein integres Leben zu führen. Danke dafür, dass die Voraussetzungen für mich so günstig waren, dass ich immer mehr herausbilden konnte, was das Schönste in mir ist. Jetzt, wo mein letzter Atemzug sehr viel früher zu kommen scheint, als ich gehofft hatte, kann ich ruhig und gelassen feststellen, dass es nichts Unverzeihliches gibt, was ich getan hätte und was ich tief bereuen würde oder nicht in Ordnung bringen konnte. Ich habe kein schweres karmisches Gepäck zu schleppen. Wenn meine Stunde gekommen ist, wenn es an der Zeit ist, diesen physischen Körper für immer abzulegen, dann werde ich dem Tod offen begegnen können mit dem Gefühl, ein gutes Leben gelebt zu haben. Ich werde meinen letzten Atemzug tun können, ohne mich vor dem zu fürchten, was dann passiert.

Dies war für mich ein etwas überraschendes Erlebnis, wie es magische Situationen eben sein können. Das Gefühl war sehr intensiv und schön. Ich fühlte mich fast glücklich. Außerdem war das Ganze wie eine Art Bestätigung. Ich habe zwar schon immer gewusst, dass es wichtig ist, gut und wahrhaftig zu sein, ein integres Leben mit einem klaren ethischen Kompass zu führen. Aber in diesem Augenblick, so wie ich ihn erlebte, war da etwas, das meine Aufmerksamkeit erregen und mir bestätigen wollte: »*Du bist gut darauf vorbereitet. Du wirst dem Tod ohne Reue begegnen können. Du musst dir keine Sorgen machen.*«

War's das?

Als ich den gesamten Weg vom Krankenhaus in Varberg zurückgelegt hatte und zu Hause die Diele betrat, musste ich nichts sagen. Elisabeth musste mich nur ansehen, da wusste sie, dass sich unsere ärgsten Befürchtungen bewahrheitet hatten. Wir fielen uns in die Arme und weinten und weinten. Und so ging das mehrere Tage. Oft weinten wir nacheinander. Es war, als wüsste unsere Traurigkeit, wann der eine Kapazitäten frei hatte, um den anderen zu halten und zu stützen.

Am dritten Morgen wachte ich wie üblich früh auf und bemerkte, dass der Druck auf meiner Brust nachgelassen hatte. Gegen sechs Uhr rief ein Freund an. Um Elisabeth nicht zu wecken, schlich ich in den Wäscheraum, um dort zu telefonieren, und setzte mich auf den Fußboden. Nach einer Weile steckte sie den Kopf zur Tür herein. Als ich aufsah, lächelte sie ihr samtsanftes Lächeln und mimte lautlos ein »*Guten Morgen*«. Wir sahen uns lange an. Dabei fiel mir auf, dass endlich das Strahlen in ihre Augen zurückgekehrt war. Halleluja. Kein Sturm dauert ewig. *This too shall pass.*

Ich fand einen Weg, ziemlich offen mit dem Krankheitsbefund umzugehen. Ob dahinter Akzeptanz oder Verdrängung steckt, ist schwer zu beurteilen. Vielleicht spielt das auch keine große Rolle. Sowohl Elisabeth wie ich entwickelten jedenfalls eine für uns erträgliche Haltung. Beide wollten wir die düstere Vorhersage der Ärztin als einzig denkbares Ergebnis nicht so recht schlucken. Natürlich wollten wir einem Wunder die Tür offen halten. Vielleicht werde ich tot sein, noch ehe das Jahr zu Ende ist, oder wir haben noch zwanzig schöne gemeinsame Jahre. Mit Sicherheit weiß es niemand. *Vielleicht, vielleicht auch nicht.*

Ich habe einmal ein Schild gesehen, auf dem stand: »Verschenke nichts, was du selbst nicht haben willst. Ratschläge zum Beispiel.«

Als ich in den sozialen Medien von meiner ALS-Erkrankung berichtete, bat ich die Leser darum, mir keine gesundheitlichen Ratschläge zu schicken. Natürlich bekam ich trotzdem jede Menge. Mir ist klar – das ist fürsorglich gemeint. Aber ich verstehe nicht, wie man Ratschläge dieses Kalibers geben kann: *»Ich weiß besser als du, warum dich diese Krankheit getroffen hat. Das Folgende brauchst du, um wieder gesund zu werden.«* Zumeist begründeten die Beiträge dieser Kategorie eine ausgesprochen physische Krankheit mit emotionalen und psychischen Ursachen. Klar war ich wütend. Wie arrogant. Wie anmaßend. So alles andere als hilfreich.

Hilfreich waren dagegen die Lehren aus meinem Leben als Mönch. Immerhin hatte ich siebzehn Jahre lang Tag für Tag trainiert, keine gedanklichen Zukunftsszenarien zu erschaffen, nicht alles zu glauben, was ich dachte. Als ich die Diagnose bekam, waren diese Fähigkeiten natürlich wichtiger denn je. Sie halfen mir, die Katastrophengedanken ein wenig zu vertreiben, nicht so sehr daran zu denken, wie es sein wird, wenn ich die ganze Zeit im Rollstuhl sitze oder wenn ich nicht mehr sprechen oder selbst schlucken kann. Stattdessen merkte ich, dass etwas anderes sich immer stärker entwickelte: ein sehr intensives Gefühl, leben zu wollen, bis ich sterbe. Ich habe keine Angst vor dem Tod, aber aufhören zu leben – dazu fühle ich mich noch nicht bereit.

Schnell wurde wichtig für mich, das Dasein, so gut es ging, zu normalisieren. Ich wollte nicht meine Diagnose *werden*. In einer solchen Situation macht man sich selbst leicht zum Opfer oder nimmt eine bestimmte Identität an – *»der Kranke«*. Ich habe sorgfältig darauf geachtet, das nicht zu tun. Mag sein, dass ich mich teilweise deshalb nach der Diagnose für die landesweite Tournee entschieden habe. Ich wollte gewissermaßen die Welt und vielleicht auch mich selbst an Folgendes erinnern: *»Still here, still around.«*

Natürlich stellen sich gewisse praktische Probleme ein, wenn man mit fortschreitenden ALS-Symptomen allein reist. Ich musste mein Thailändisch auffrischen, als ich im Hotel die Reinigungskraft bat, mein Hemd und meine Hose zuzuknöpfen. Ich musste mich in Vertrauen üben, als ich jemanden bat, die Bankkarte aus dem Bezahlautomaten an der Tankstelle zu ziehen, musste einen Fremden fragen, ob ich mich auf seine Schulter stützen dürfte, als ich die Entfernung vom Hotel zum Theater in Linköping falsch eingeschätzt hatte, oder musste einen jungen Mann bitten, meinen Koffer über die Pflastersteine zu ziehen, weil ich das selbst nicht mehr schaffte. Außerdem benötigte ich Hilfe beim Aufstehen, als ich in Lund mitten auf der Straße gestürzt und mit dem Kopf übel aufgeschlagen war. Die Liste ließe sich ewig verlängern. Aber mit der zunehmenden Hilflosigkeit im Praktischen wird gleichzeitig auch deutlicher denn je: Die meisten von uns mögen es, anderen zu helfen. Bei unkomplizierten Angelegenheiten tun wir das gerne.

Ein gutes Jahr nach der Diagnose erwischte mich im Winter zweimal eine scheußliche Lungenentzündung. Das erste Mal passierte es in Costa Rica. Ich war über die Weihnachtstage dorthin geflogen. Mir ging es am Ende so schlecht, dass ich mit einem Ambulanzflugzeug in die Hauptstadt geflogen wurde. Ich weiß noch, wie ich mit starker Atemnot in der kleinen Cessna lag, durch das Fenster zu den Sternen sah und mich fragte: »*War's das jetzt?*«

Sechs Wochen später ereilte mich die nächste Lungenentzündung, dieses Mal allerdings zu Hause bei meiner Mutter in Saltsjöbaden. An einem Samstag im Februar wurde die Atemnot so groß, dass ich um drei Uhr nachts den Notarzt rief. Zwar war der Krankenwagen schon zehn Minuten später da, aber wieder schoss mir derselbe Gedanke durch den Kopf: »*War's das jetzt?*«

Beide Male waren schrecklich. Aber nicht die Vorstellung, dass mein Leben vorbei sein könnte, machte mir Angst. Erschreckend war, *wie* es zu Ende gehen sollte. Ersticken steht definitiv nicht auf meiner Liste der zehn Möglichkeiten zu sterben, die für mich gefühlt am ehesten okay sind.

Ich habe natürlich die Möglichkeit einer ärztlich assistierten Sterbehilfe in der Schweiz erwogen, falls die ALS-Symptome zu lange zu schrecklich sein sollten. Zu wissen, dass diese Tür offen steht, ist schön. Gleichzeitig ist da zunehmend etwas in meinem Inneren, das dem natürlichen Prozess seinen Lauf lassen will. So wie ein guter Kapitän im Sturm auf seinem Schiff bleibt, will etwas in mir nicht vorzeitig aus dem Körper auschecken.

Seit ich die Diagnose bekommen habe, war viel Zeit von Trauer erfüllt, aber kaum mit Furcht oder Wut. Die Trauer dreht sich meistens um all das, was nicht mehr möglich zu sein scheint, all das, was ich verpassen werde. Der Gedanke, nicht mitzuerleben, wenn meine Bonuskinder eigene Kinder bekommen, tut so weh, dass ich noch immer kaum daran denken oder darüber sprechen kann, ohne dass es mich innerlich zerreißt. Und dann ist da natürlich die Zukunft mit meiner Frau. Ich möchte so unendlich gerne gemeinsam mit Elisabeth alt werden.

Allerdings bin ich nie auf die ALS wütend geworden. Oder auf Gott oder das Schicksal. Mir ist nie versprochen worden, dass ich lange leben darf. Wir Menschen sind in der Hinsicht wie das Laub an den Bäumen. Die meisten Blätter fallen, wenn sie braun und welk sind, aber manche fallen bereits, wenn sie noch grün sind.

Dir wird alles genommen werden

Auch wenn meine Psyche und meine Seele noch in guter Form sind, ist es selbstverständlich traurig zu spüren, wie der Körper Schritt für Schritt gezwungen wird aufzugeben. ALS zu haben, ist ein bisschen so, wie unfreiwillig einen Dieb als Mitbewohner zu bekommen: Zuerst entsteht ein tiefes Unbehagen, wenn der Dieb einzieht. Innerhalb der Welt der ALS entspricht das Unbehagen den Untersuchungen Lumbalpunktion, Elektromyografie und Neurografie. Stell dir eine bemerkenswert große Nadel und jede Menge kleinere Nadeln an überaus empfindlichen Stellen vor – oft begleitet von Elektroschocks und absurd lange dauernden Untersuchungen.

Dann beginnt dir aufzufallen, dass Sachen fehlen, die zu Hause bisher immer da waren. Der Dieb scheint sie genommen zu haben. Eines Tages ist die Fähigkeit verschwunden, auch nur einen Liegestütz oder einen Sit-up zu machen. An einem anderen Tag kannst du nicht mehr rennen, schwimmen, paddeln, Rad fahren, Dinge werfen, halten oder heben. Du wirst gezwungen, dich daran zu gewöhnen, um Hilfe zu bitten: um dir die Nägel zu schneiden, die Schuhe zuzubinden, die Tür aufzuschließen, dir ein Brot zu schmieren, eine Flasche zu öffnen, eine Banane zu schälen, die Zahncreme aus der Tube zu drücken sowie beim Tanken und tausend anderen Sachen.

Langsam, aber sicher siehst du ein, dass sich der Dieb nicht zufriedengibt, ehe er dir absolut alles genommen hat. Und dass du – der gesammelten medizinischen Wissenschaft zufolge – nicht das Geringste dagegen unternehmen kannst. Zum Glück lebt noch ein Mensch im Haus. Meine Elisabeth. Und wie es sich trifft, entspricht sie in der Welt der Gesundheit dem mittelalterlichen Ritter in seiner glänzenden Rüstung. Mitten im Kampfgetümmel reitet sie neben dir. Sie öffnet ihr Visier, schenkt dir ihr strahlendstes Lächeln und sagt: »*Hab keine Angst. Ich bin die ganze Zeit an deiner Seite.*« Da weißt du einfach, egal wie es auch wird, es wird gut.

Ich habe innerhalb von zwei Jahren zwanzig Kilo Muskelmasse verloren. Jeder Versuch, vom Sofa aufzustehen, ist eine Kraftprobe mit unsicherem Ausgang. Nichts Physisches – und ich meine wirklich *nichts* – ist noch einfach. Nicht einmal eine Tasse Tee zu trinken oder mir die Zähne zu putzen. Dabei benutze ich sogar eine elektrische Zahnbürste.

Wenn Buddhisten meditieren, beschäftigen sie sich hauptsächlich damit, in ihrem Körper zu sein. Allerdings wird Folgendes klar unterschieden: Wir *sind* kein Körper, wir *haben* einen Körper. Buddha ging so weit, dass er bei einer Gelegenheit sagte: »Durch diesen Körper habe ich wahrgenommen, was niemals geboren wird und niemals stirbt.«

Es liegt in der Natur des Körpers, krank zu werden, zu altern – wenn man Glück hat – und eines Tages zu sterben. Irgendwann im Laufe meines buddhistischen Trainings habe ich eine ziemlich realistische Sicht darauf verinnerlicht, was man von einem menschlichen Körper verlangen kann. Manchmal stelle ich mir den Körper wie eine Art Raumanzug vor, der uns zugeteilt wurde. Ich bekam einen solchen Anzug. Meiner hat nicht dieselbe Topqualität wie der von anderen, er scheint etwas schneller zu verschleißen. Das zu beeinflussen liegt außerhalb meiner Macht.

Ohne dass ich es damals wusste, bereitete mich das Leben als Mönch in vielerlei Hinsicht auf den Tod vor. Buddha betonte, wie lohnend es ist, sich bewusst zu machen, dass wir eines Tages sterben werden, und in der Waldtradition nahmen wir diese Aufforderung überaus ernst. Wir reflektierten täglich über die Vergänglichkeit des menschlichen Lebens und den Tod.

Wenn man in unserem Kloster in die Meditationshalle kam, sah man als Erstes in einer Vitrine stehend ein vollständiges menschliches Skelett. Der Schädel hatte in der Schläfe ein Loch, weil die Frau, zu der er gehörte, sich das Leben genommen hatte. In ihrem Abschiedsbrief hatte sie ihren Körper testamentarisch dem Kloster vermacht, um alle auf diese Weise dabei zu unterstützen, sich an die eigene Sterblichkeit zu erinnern. Wenn man dann am Altar und weiter an zwei riesigen Buddha-Statuen aus Messing vorbeiging, stieß man auf etwa fünfzig große Plastikbehälter. Jeder einzelne davon enthielt die Asche und Gebeine eines unserer verstorbenen Gemeindemitglieder.

Wie bereits erwähnt, lag unser Kloster in der Nähe eines Einäscherungshains. Daher fanden die Bestattungen der Gemeindemitglieder bei uns statt. Zu Anfang erstaunte mich die Stimmung bei den Bestattungen sehr. Es war so entspannt, man traf sich, lachte und trank viel, vor allem *sehr* viel Limonade. Die einzigen Male sah ich jemand offen weinen, wenn ein Kind gestorben war.

Bei den Bestattungen kamen die Angehörigen am Nachmittag singend aus dem Dorf. Den Sarg schoben sie dabei auf einem hölzernen Karren vor sich her. Dann wurde der Sarg auf einen Holzstapel gelegt und der Leichnam wurde von der Rückenlage auf die Seite gedreht. Diese Änderung war wichtig, denn tat man das nicht, konnte es passieren, dass sich der Oberkörper im Sarg aufrichtete, wenn der Holzstapel richtig brannte. Das hat damit zu tun, wo sich unsere Sehnen im Körper befinden.

Gemäß der Tradition ließ man den Verstorbenen drei Tage in einem offenen Sarg zu Hause im Wohnzimmer liegen, sodass sich bis zur Feuerbestattung alle daran gewöhnen konnten, dass der Mensch, an den sie sich erinnerten, nicht mehr bei ihnen war. Selbstverständlich trugen die natürlichen Prozesse, die in der tropischen Hitze bei einem nicht gekühlten Leichnam einsetzten, dazu bei, den Tod äußerst greifbar und konkret werden zu lassen.

Manchmal saß ich die ganze Nacht neben dem brennenden Feuer mit dem Leichnam und meditierte über die Flüchtigkeit des Lebens und die Unvermeidlichkeit des Todes. Das Ergebnis dieser Meditationen war stets, dass eine innere Rastlosigkeit nachließ. Sich etwas Ängstliches beruhigte. Ich wurde weicher, öffnete mich und kühlte gleichsam innerlich ab, im angenehmsten Sinn des Wortes. Es war, als würde der Körper die Wahrheit wiedererkennen, wenn er darauf stieß. Offenbar tut uns eine unangenehme Wahrheit gut, sobald wir uns nicht mehr von ihr abwenden.

Als ich jünger war, beschäftigte ich mich ziemlich viel mit diversen körperlichen Komplexen. Ich beklagte mich über alles, was nicht so aussah, wie ich es mir wünschte. Aber mittlerweile haben wir eine ganz andere Beziehung, mein Körper und ich. Es ist eher so, als wäre er wie ein alter Freund. Lange sind wir nun zusammen durch dick und dünn gegangen. Keiner von uns ist noch jung. Und ich empfinde große Dankbarkeit. Ich möchte meinen Körper ehren:

Danke, Körper, dass du dein Bestes gegeben hast, die ganze Zeit über, jeden Tag.

Jetzt kämpfst du im Gegenwind. Ich sehe dich.

Du bekommst überhaupt nichts mehr umsonst. Und doch tust du, was du kannst, für mich.

Obwohl du nicht einmal mehr die Luft bekommst, die du brauchst.

Ich tue alles, was ich kann, um dir zu helfen. Und ich sehe, dass es nicht reicht. Bei Weitem nicht.

Trotzdem kämpfst du weiter, so gut du kannst, Tag für Tag.

Du bist mein Held.

Ich verspreche dir, nie mehr wütend auf dich zu sein, wenn dir eine weitere Bewegung unmöglich geworden ist.

Ich verspreche, mehr und besser auf dich zu hören, als ich das früher je getan habe.

Ich verspreche, nicht mehr von dir zu verlangen, als du geben kannst und willst.

Verzeih mir all die Male, wo ich genau das getan habe.

Als Letztes und Wichtigstes: Ich verspreche feierlich, wenn du es nicht mehr schaffst, dann machen wir es, wie du es willst.

Ich werde alles tun, was ich kann, um dann einfach nur folgsam und dankbar zu sein. In Vertrauen und Akzeptanz zu verweilen. Mich darüber zu freuen, was für ein fantastisches Leben wir hatten, und dir mit fester und unerschrockener Stimme zuflüstern:

»Dein Wille geschehe, nicht meiner.«

Sei das, wovon du mehr in der Welt sehen willst

Unser erster Abt in Thailand, Ajahn Passano, war kein begnadeter Redner. Er mochte es überhaupt nicht, Vorträge zu halten. Er machte es, weil man es von ihm erwartete, weil es zu seiner Rolle gehörte. Dagegen war es großartig zu sehen, wie er seinen Tag gestaltete. Zu sehen, wie er sich für jeden, der zu ihm kam, Zeit nahm, mit welcher Geduld er jedem begegnete. Viele Menschen, die ihn besuchten, waren ziemlich arrogant und wollten mit ihrer Spiritualität und ihrem Erfolg angeben. Etliche waren direkt unangenehm. Aber Ajahn Passano behandelte alle gut und gerecht. Abt eines buddhistischen Klosters und Vorbild für uns alle zu sein, war wahrlich keine einfache Aufgabe. Aber für mich verkörperte er dies tatsächlich. Er lebte das, was er lehrte, konnte all seine Botschaften mit seinem Tun untermauern. Immer mit dem Herzen auf dem rechten Fleck.

Eines Abends zur Teestunde begann Ajahn Passano zu uns zu sprechen. Es war der Tag, an dem ihn meine Mutter gefragt hatte, wie lange es gedauert habe, bis er seine Familie in Kanada besucht hatte. Bestimmt erzählte er uns deshalb von seinem ersten Besuch zu Hause nach sechzehn Jahren:

Es war zur Weihnachtszeit und Ajahn Passano befand sich im Haus seiner Eltern. Die Familie und Verwandte hatten sich versammelt, um gemeinsam zu feiern. Spät am Abend saß Ajahn Passano mit seinem Cousin am Tisch, der einen Whisky trank. Nach einer Weile schenkte er ein zweites Glas ein und schob es über den Tisch zu dem Mönch hinüber.

»Möchtest du ein Glas?«

»Nein danke. Als Mönche und Nonnen verzichten wir in unserer Tradition auf Alkohol.«

»Na komm schon«, drängte ihn der Cousin. »Das weiß doch niemand.«

Da sah Ajahn Passano ihn an und antwortete ruhig und authentisch:

»Aber *ich* werde es wissen.«

Ich bekam eine Gänsehaut, als ich das hörte. Eine Botschaft kann für mich einen besonders großen Wert haben, wenn sie von jemandem kommt, dem ich vertraue und den ich respektiere. Ein solcher Mensch kann einfache Dinge sagen, aber weil er so glaubwürdig ist, überzeugen sie mich unmittelbar. Ajahn Passano war für mich so ein Mensch. Daher erlebte ich diesen Augenblick auch als so inspirierend. Das war eine der edelsten Aufforderungen, die mir vermittelte, warum es wertvoll ist, ein integres Leben zu führen. *So* sollte mein Verständnis von Ethik aussehen. Auf *diese* Weise wollte ich Verantwortung für mein Tun und mein Reden übernehmen.

Nicht, weil es in einem Buch stand, wollte ich integer und mit einem guten ethischen inneren Kompass durchs Leben gehen. Oder weil irgendeine alte, angestaubte religiöse Schrift sagte, man solle das tun. Nicht, weil ich in den Augen anderer gut dastehen wollte. Nicht, weil ein Großvater mit weißem Haar und extrem langem Zeigefinger über den Wolken thronte und über alles, was ich tat und sagte, individuell Buch führte. Sondern ganz einfach, weil *ich* mich daran erinnerte!

Wenn wir uns für Dinge schämen und befürchten, dass andere sie erfahren werden, wenn wir wissen, dass wir etwas falsch gemacht haben – *das* ist schweres Gepäck. Es zu tragen ist anstrengend. Wie wäre es, stattdessen ohne viele Schatten durchs Leben zu reisen, ohne zu viele schmerzhafte Erinnerungen an Situationen, in denen wir auf eine unwürdige Weise agiert haben.

Deshalb ist es wertvoll, niemanden hinters Licht zu führen, nur um selbst davon zu profitieren. Niemanden zu verletzen, weil es gerade den eigenen Zwecken dienlich ist. Zu vermeiden, die Wahrheit zu vertuschen oder gar gezielt zu verfälschen, weil das am bequemsten ist.

Zwar ist das alles menschlich. So etwas kann mehr oder weniger schnell einmal passieren. Aber wenn wir uns aktiv entscheiden, Verantwortung dafür zu übernehmen, was wir sagen und tun, kommt etwas sehr Gutes in Gang. Unser Gepäck wird wesentlich leichter. Wir tun das nicht nur mit Rücksicht auf andere, sondern vor allem für uns selbst.

In Thailand hat man dafür eine wunderbare Redewendung. Sie lautet: »*Man klebt Blattgold an Buddhas Rücken.*« Der Ausdruck rührt von der Tradition her, dass man, um seine Religion zu würdigen, regelmäßig mit etwas Blattgold, Kerzen und Räucherstäbchen in den Tempel geht, eine Weile meditiert und diese Gaben überbringt. An den meisten Buddha-Statuen in Thailand klebt sehr viel Blattgold. Der Ausdruck besagt, dass man über die eigenen guten Taten nicht laut reden muss.

Es hat etwas Nobles, das Blattgold an Buddhas Rücken zu kleben, wo es niemand sonst sieht. Das gilt auch im übertragenen Sinne. Dass andere Dinge dieser Art wissen, ist nicht wichtig – *wir selbst* wissen es. *Wir* erinnern uns daran. Und *wir* leben die ganze Zeit mit uns selbst. Unsere Taten und unsere Erinnerungen sind wie das Badewasser, in dem wir sitzen. Wir entscheiden selbst, ob es sauber oder schmutzig sein soll.

Über das, was ethisch und moralisch richtig ist, können wir stundenlang debattieren. Die Philosophen haben sich schon seit Jahrtausenden damit auseinandergesetzt. Aber für mich lässt es sich auf etwas sehr Einfaches reduzieren: Ich habe ein Gewissen, und ich erinnere mich an das, was ich getan und gesagt habe. Das landet in meinem Gepäck. Und ich entscheide, was ich einpacken will.

Wofür sind wir denn dann gemäß dieser Ethik verantwortlich? Nicht für impulsive Vorstellungen und Fantasien, so viel ist sicher. Wir alle haben dann und wann verrückte Impulse, auch wenn wir vorgeben, es sei nicht so. Unser Abt berichtete einmal von einer vielsagenden Begebenheit in den Siebzigerjahren anlässlich der Wahl des amerikanischen Präsidenten. Jimmy Carter hatte gute Chancen, gewählt zu werden. Ein Journalist interviewte ihn und fragte: »Sind Sie jemals untreu gewesen?« Jimmy Carter antwortete: »Nie mit meinem Körper, aber oft in der Fantasie.« Das Vertrauen in ihn sank dramatisch. Aber, wie unser Lehrer sagte: Hätte dieses Interview in einer fortschrittlicheren Kultur stattgefunden, dann hätte das Vertrauen in ihn stattdessen zugenommen. Denn es gibt kaum etwas Menschlicheres. Wir erkennen uns alle darin wieder. Impulse sind primitive, geprägte Mechanismen, für die wir nicht verantwortlich sind.

Hingegen ist es schön, einen Menschen zu erleben, der in seinem Inneren genug Platz hat, um seine Impulse gut kontrollieren zu können. Einen Menschen, der trennen kann, welchen Impulsen er folgen will und welche er ignorieren wird.

Buddha beschrieb das wunderbar: »Ein Mensch, der für sein Tun und seine Rede Verantwortung übernimmt, der sich an die Wahrheit hält, die Regeln respektiert, einem anderen nicht absichtlich schadet, dieser Mensch ist wie der Vollmond in einer tropischen Nacht; langsam taucht er zwischen den Wolken auf und beleuchtet die ganze Landschaft.«

Als ich jung war, sah ich einen Western mit dem Titel *Little Big Man*. Im Film gab es einen Indianerhäuptling, Old Lodge Skins. Sein Leben war hart gewesen. Eines Morgens verließ er sein Tipi und stellte fest: »*Today is a good day to die*«, »Heute ist ein guter Tag zum Sterben«.

So soll der Tod für mich sein. Wie ein Freund. Du darfst dabei sein, Tod. Du darfst die Dinge für mich ins richtige Verhältnis setzen und mir eine stimmige Perspektive vermitteln, indem du mir ins Ohr flüsterst: »*Eines Tages ist es zu Ende. Sieh zu, dass du keine Schatten hinterlässt.*«

Denn plötzlich endet das Leben. Dann spielt es eine Rolle, wie ich mich entschieden habe, es zu leben. Egal ob wir an Karma glauben oder nicht, unser Gepäck wird höchstwahrscheinlich unsere Gefühle beeinflussen – im Hinblick auf das, was war, und auf das, was uns eventuell erwartet.

Es ist kein Zufall, dass uns alle spirituellen Traditionen dazu auffordern, uns an unsere Sterblichkeit zu erinnern.

Darauf sollten wir uns besinnen, wenn wir unsere Entscheidungen treffen, wie wir durch unser Dasein navigieren wollen. Wir können beschließen, das Schöne in uns zu fördern, heute ein bisschen mehr als gestern und morgen noch ein bisschen mehr. Ein Menschenleben ist kurz. Wenn wir uns dessen wirklich bewusst sind, wenn wir aufhören, uns und das, was wir haben, als selbstverständlich zu erachten, dann bewegen wir uns anders durch unser Leben.

Wir können nicht alle vorstellbaren Ergebnisse beeinflussen oder alles so planen, dass es genau so kommt, wie wir wollen. Aber wir können beschließen, in unserem Handeln unsere besten Absichten zum Maßstab zu nehmen. Wir können für die ethische Qualität unseres Tuns und unserer Worte Verantwortung übernehmen. Das ist keine Kleinigkeit und spielt daher eine große Rolle. Und ein solches Verhalten ist uns allen zugänglich. Niemand sonst muss sich ändern, damit wir selbst innerlich schöner werden. Das ist wirklich gut eingerichtet.

Ich möchte wetten, dass ein durchschnittlicher Zehnjähriger ungefähr benennen kann, was im Herzen eines Menschen schön und gut ist. Geduld, Großzügigkeit, Hilfsbereitschaft, Aufrichtigkeit, Achtsamkeit, die Fähigkeit zu vergeben sowie die Fähigkeit, sich zwischendurch in einen anderen hineinzuversetzen, gut zuhören zu können, Empathie, Mitgefühl, Einfühlsamkeit, Fürsorge. Die Qualitäten zu kennen ist nicht schwer. Aber ich habe das Gefühl, dass unsere Kultur uns nicht immer dazu anspornt, diese zu aktivieren. Deshalb möchte ich ein bisschen zusätzlich dazu ermuntern. An den Wert erinnern, als integre Menschen zu leben und, solange wir können, das Schönste in uns zum Vorschein zu bringen.

Ich kann mir kaum etwas vorstellen, was die Welt gerade jetzt mehr brauchen könnte.

Heißt das, dass wir die ganze Menschheit retten und sämtliche globalen Probleme lösen müssen? Dass wir alle Greta oder Gandhi werden sollten? Auf gar keinen Fall. Eine kleine Gruppe von Menschen scheint so etwas in sich zu haben. Solchen Leuten gefällt es, so zu handeln. Das ist schön und das ist gut so. Aber zu beschließen, in unserer eigenen, unmittelbaren Realität aktiv zu werden, ist nicht weniger wert. Uns der kleinen alltäglichen Verhaltensweisen anzunehmen. Die Wunder der kleinen Dinge zu fördern. Wenn wir beschließen, etwas geduldiger und großherziger zu sein, mehr zu verzeihen, uns etwas aufrichtiger und unterstützender zu verhalten, selbst wenn das für uns vielleicht nicht immer der einfachste Weg ist. Das Leben besteht eigentlich nur aus diesen kleinen Dingen und alle zusammen werden sie das Große.

Jeder einzelne Mensch steht vor mehr als genug Herausforderungen. Tagtäglich wird jeder von uns vor die Wahl gestellt: Soll ich dem folgen, was für mich am bequemsten ist, oder dem, was sich großzügig, schön, integrierend und fürsorglich anfühlt? Auf Dauer führen diese beiden Wege zu überaus verschiedenen Ergebnissen.

Das Leben wird sowohl leichter wie freier, wenn wir dafür sorgen, unserem ethischen Kompass zu folgen. Das stelle ich bei mir selbst oft fest. Wir leben nicht in einem zufälligen und gleichgültigen Universum. Im Gegenteil. Im Dasein gibt es eine Resonanz. Das Universum reagiert auf die Absichten hinter dem, was wir tun und sagen. Was wir aussenden, kommt auf Dauer zu uns zurück. Die Welt ist nicht, wie sie ist. Die Welt ist so, wie *du* bist. Deshalb sei du das, wovon du in der Welt mehr sehen willst.

Ich erinnere mich in diesem Zusammenhang an eine Geschichte über ein kleines Mädchen, das an den Strand ging. In der Nacht hatte es gestürmt und die Wellen hatten sehr viele Seesterne an Land geworfen. Früh am Morgen ging das Kind am Wassersaum entlang, hob einen Seestern auf und warf ihn ins Meer zurück. Dann hob es den nächsten auf und warf auch diesen zurück. Da kam ein älterer Mann auf das Mädchen zu. So ein muffiger Alter.

»Na, kleines Mädchen, was tust du denn da?«

»Ich hebe Seesterne auf, werfe sie zurück und rette sie.«

»Ja, aber, liebes Kind, hier auf dem Strand liegen doch Tausende, vielleicht Hunderttausende Seesterne. Das bisschen, was du tust, spielt absolut keine Rolle. Das siehst du doch ein?«

Unbeeindruckt hob das Mädchen noch einen Seestern auf. Warf ihn zurück. Und sagte:

»Für diesen spielt es eine Rolle.«

Nach siebzehn Jahren als Mönch hatte ich einiges an Popkultur nachzuholen – Bücher, Filme, Fernsehserien –, und ich habe ziemlich heroisch versucht aufzuholen. Eine Fernsehserie blieb mir besonders im Gedächtnis hängen: die norwegische Serie *Skam* (dt. Scham). Sie schildert auf wunderbare Weise das Leben von Jugendlichen, nämlich ausschließlich aus der Perspektive der Teenager selbst. Die Erwachsenen sind gewissermaßen Kulissen, ihre Gesichter sind nur selten zu sehen.

Zu den brillantesten Charakteren gehört Noora. Sie ist

äußerlich sehr schön, aber innerlich ist sie noch strahlender. Sie hat mich sehr bewegt. Ich würde sie als die Freundin beschreiben, die wir uns erträumen, die manche von uns vielleicht sogar haben oder hatten. Die Freundin, die immer zu uns steht, uns immer unterstützt. Die Freundin, die bereit ist, viel für uns zu tun – und die dabei sogar weit über die eigene Komfortzone hinausgeht –, einfach, um uns zu helfen. Aufgrund unserer tiefen Verbindung zu ihr, vertrauen wir ihr so sehr, dass sie uns Dinge sagen kann, die für uns zwar unangenehm sein mögen, aber wichtig sind.

In einer Szene steht Noora vor dem Spiegel und föhnt sich die Haare. Links neben den Spiegel hat sie ein Post-it geklebt. Darauf steht:

Alle, denen du begegnest,
kämpfen einen Kampf,
von dem du nichts weißt.
Sei nett.
Immer!

Vater

Als ich im Krankenhaus von Varberg war, klopfte mir der Tod nicht zum ersten Mal in dem Jahr mit seinem knochigen Finger auf die Schulter. Er hatte es schon einige Monate zuvor getan, an einem sonnigen Nachmittag Anfang Juni 2018, als ich meine Eltern in ihrem Sommerhaus in Falsterbo besuchte. Es gelang ihnen jedes Mal, mir das Gefühl zu vermitteln, ich sei von allen Menschen derjenige, den sie in dem Moment am allerliebsten bei sich eintreten sahen. So auch an diesem Tag. Gleich nachdem wir uns umarmt hatten, bemerkte ich aber, dass etwas Ernstes in der Luft lag. Mein Vater sagte: »Björn, wir müssen etwas besprechen. Wollen wir uns setzen?« Wir nahmen Platz und Vater war genauso geradeheraus wie immer: »Ich habe COPD. Die Uhr tickt. Ich habe wohl nicht mehr sehr lange.«

Er sagte das ohne alle Dramatik. Dann schwieg er. Ich hatte das Gefühl, dass ich jetzt an der Reihe war, etwas zu sagen. Innerlich war ich sofort sehr aufgewühlt. Mir war wichtig, etwas Gescheites zu sagen. Nach kurzem, intensivem Nachdenken antwortete ich: »*You had a good run.*« Immerhin war mein Vater im vierundachtzigsten Lebensjahr. Er schlug sich aufs Knie und sagte: »Ich wusste, du würdest es kapieren!« Dann fuhr er fort: »Noch eins, Björn. Ich will nicht langsam und qualvoll im Krankenhaus sterben. Ich will einen Schlusspunkt setzen, ehe es die Krankheit für mich tut.«

In meinen Ohren klang das weniger merkwürdig, als man vielleicht denken könnte, denn ich hörte diese Botschaft seit zwanzig Jahren von meinem Vater. Wenn ihm das Leben eines Tages nicht mehr lebenswert erscheinen würde, wolle er sich das Recht vorbehalten, es zu beenden. Während meiner Jahre als Mönch konnte ich ihn darin nicht unterstützen, denn die Regeln für buddhistische Mönche untersagen das. Mönche und Nonnen dürfen andere auf keinen Fall dazu ermutigen, ihr Leben zu beenden. Aber mittlerweile empfand ich das anders.

Assistierter Suizid ist in Schweden gesetzlich nicht erlaubt. Deshalb mussten meine Brüder und ich uns beeilen, um unserem Vater bei der Umsetzung seines Vorhabens zu helfen. Wir machten eine Organisation in der Schweiz ausfindig und gegen Ende Juni bekamen wir einen Termin: Am 26. Juli sollte Vater einen selbst gewählten, schmerzfreien, ärztlich assistierten Tod in Basel sterben dürfen. Natürlich war es ein unglaublich merkwürdiges Gefühl, einen genauen Termin zu bekommen. Einen Monat im Voraus. Noch nie schien die Zeit so abgemessen zu sein. Der Sommer 2018 wurde nicht nur der wärmste, an den ich mich erinnere, sondern auch der wehmütigste. Mein Trauertherapeut in dieser Zeit hieß Spotify.

Wir planten, nach Basel einen Lautsprecher mitzunehmen, und stellten für die letzten Stunden unseres Vaters Playlists zusammen, mit vielen Liedern von Evert Taube und schottischer Dudelsackmusik. Meine Zeit zu trauern war am sehr frühen Morgen, noch ehe die Welt erwacht war. Oft saß ich allein vor dem Computer und bereitete die Fahrt in die Schweiz vor. Ab und an unterbrach ich mein Jonglieren mit ärztlichen Gutachten, Passkopien, Banküberweisungen, Flug- und Hotelbuchungen und hörte mir einfach ein oder zwei Stücke von den Playlists meiner Brüder für unseren Vater an. Bis heute ertrage ich es nicht, *Amazing Grace* in einer Dudelsackversion zu hören. Vater konnte es auch nicht.

Dann war es so weit. Wir versammelten uns in unserem Schweizer Hotel: Mutter, Vater, meine drei Brüder und ich. In Basel war es noch heißer als in Schweden. Wie schon den ganzen vorigen Monat bewegten wir uns in unterschiedlichen Realitäten. Momente voller Unbeschwertheit, Kabbeleien und Nostalgie lösten Momente ab, in denen uns das, was vor uns lag, so nahekam, dass wir eine Weile keine Worte mehr hatten. Oft sprachen Blicke deutlicher als Worte. Wenn Vater etwas sagte, konzentrierte er sich noch mehr als sonst darauf, seine Wertschätzung und Dankbarkeit auszudrücken.

Ein Taxi holte uns am 26. Juli nach dem Frühstück ab und brachte uns an den Stadtrand Basels zu einem angenehmen Zimmer mit einem Bett in der Mitte. Der Arzt informierte uns über den Ablauf. Vater legte sich ins Bett und wurde an einen Tropf gehängt. Dann verließ der Arzt den Raum, sodass wir eine Weile für uns hatten.

Wir schalteten die vorbereitete Musik ein. Sven-Bertil Taubes Stimme erfüllte den Raum. Keiner von uns hatte wohl geglaubt, dass wir nach der Trauer des letzten Monats noch so viele Tränen übrig haben würden. Wie wir uns täuschten. Mir fiel auf, dass wir abwechselnd weinten. Jeder wurde in den Arm genommen, damit er so lange weinen konnte, wie er es brauchte, und wenn er ruhiger geworden war, sah er sich nach jemandem um, der dann eine Umarmung brauchte, um sich auszuweinen. In einer Stunde füllten wir einen normalgroßen Papierkorb mit Papiertaschentüchern. Vater war definitiv der Gelassenste von uns.

Er und ich hatten immer schon ganz unterschiedliche Erwartungen, was nach dem Tod geschieht. Vater war davon überzeugt, dass es einfach nur schwarz wird, Vorhang zu und Schluss. Als ich ihn zum letzten Mal umarmte, flüsterte ich ihm deshalb ins Ohr: »Vater, wenn du jetzt entdeckst, dass es weitergeht, nachdem du gestorben bist, denk an mich, wie ich zu dir sage: ›Was habe ich dir gesagt?‹« Er lachte sehr darüber.

Alle hatten wir einen letzten Augenblick mit Vater. Mutter verabschiedete sich mit einem Armvoll gelber Rosen, Vaters Lieblingsblumen. Nach sechzig gemeinsamen Jahren in beständiger Liebe mussten sie nicht viel zueinander sagen. Ich werde nie vergessen, wie sie sich ansahen, als sie sich beieinander für alles bedankten. Voller Liebe natürlich, aber auch mit Respekt. Ich hatte das Privileg, mein Leben lang ihre Liebe zueinander und ihren gegenseitigen Respekt wahrnehmen zu dürfen. Sie schienen einander nie als selbstverständlich zu erachten.

Als es Zeit war, den Arzt wieder hereinzubitten, spürte ich, dass wir so bereit waren, wie man es für einen so unmöglichen Augenblick sein kann. Wir hatten einen Monat für uns zum Abschiednehmen gehabt und um all das zu sagen, was wir uns sagen wollten. Wir saßen an Vaters Bett, hielten einander, hielten ihn. Der Arzt stand hinter dem Infusionsständer. Vater sah uns in die Augen, einem nach dem anderen.

Dann öffnete Vater das Ventil am Infusionsschlauch.

Man hatte uns informiert, dass es dreißig bis vierzig

Sekunden dauere, bis er sterben würde. Zwei Minuten vergingen. Da wandte Vater sich an den Arzt und sagte: »Hallo, Christian, bist du sicher, dass du die richtige Flüssigkeit im Tropf hast?«

Natürlich lachten wir alle.

Danach bekam Vaters Blick etwas Intensives. Er wandte sich uns vier Brüdern zu und sagte seine letzten Worte. Eine fürsorgliche Ermahnung, die sehr typisch für ihn war. Ich glaube, keiner von uns wird die Worte je vergessen.

Sekunden später, während Evert Taubes *Linnéa* lief, hörten alle Muskeln in Vaters Körper gleichzeitig auf zu funktionieren. Der Tod trat augenblicklich ein. Mir fiel ein unerwarteter Ausdruck in Vaters weichem, offenem Gesicht auf. Totales Staunen. Wie ein Kind. Als hätte er sich in seinen wildesten Fantasien nicht vorstellen können, dass *das* passiert, wenn wir sterben.

In der ersten Zeit, nachdem Vater gestorben war, schien das Leben selbst den Atem anzuhalten. Alles stockte irgendwie. Der Arzt verließ das Zimmer, und wir, die Familie, sahen Vater an und sahen uns gegenseitig an. Keiner wusste so recht, was er sagen sollte. Der Augenblick war so groß. Worte kamen uns armselig vor. Dann schloss einer Vaters Augen. Mutter strich zärtlich seine widerspenstigen Augenbrauen zurecht. Mehrere von uns streichelten ihn durch seine Decke hindurch. Das Licht war intensiv gelb, von den Rosen, der Tapete, den Gardinen und der Sonne draußen.

All das im Körper, was für Vater zu mühsam geworden war – das Atmen, das Husten, die Schwäche –, war jetzt vorbei. Er hatte erreicht, was er wollte.

Nach und nach fingen wir an, miteinander zu reden. Es

war, als würde sich der Bann langsam lösen. Ich habe nie mit meiner Familie darüber gesprochen, aber mir kam es so vor, als verließe der Lebensatem Vater ungefähr eine halbe Stunde, nachdem er gestorben war. Das war sehr besonders, und nach diesem Augenblick war nur noch ein Körper übrig.

Unser Vater, Mutters Lebensgefährte, war nicht länger bei uns.

Nach einer Weile fuhren Mutter und meine Brüder wieder in die Stadt. Ich hatte angeboten, noch zu bleiben. Es wurde verlangt, dass einer von uns das tat, und da ich in meinen letzten beiden Jahren als Mönch in der Schweiz gelebt hatte, war mein Deutsch recht gut.

Als ich mit Vaters Körper allein war, zündete ich eine Kerze an, verneigte mich drei Mal und begann dann Segnungen zu singen. Ich sang die Hymnen, die ich als buddhistischer Mönch lieben gelernt hatte und die ich Hunderte Male zusammen mit anderen Mönchen und Nonnen neben Leichnamen gesungen hatte, um das Hinscheiden zu erleichtern. Natürlich hatte ich Vater, bevor er starb, dafür um Erlaubnis gebeten. Zur gleichen Zeit wurden in acht oder neun buddhistischen Klöstern auf vier Kontinenten Segnungen für Vater gesungen.

Dann meditierte ich eine Weile, sowohl darauf konzentriert, dass Vaters weitere Passage gut gehen möge, als auch darauf bedacht, mich daran zu erinnern, dass mein Körper – wie der aller anderen – eines Tages dem gleichen Schicksal entgegengehen wird wie der meines Vaters. Und dass niemand von uns weiß, wie viel Sand noch über der Mitte unseres Stundenglases übrig ist.

Vergebung

Vermutlich müssen wir den Tod aus nächster Nähe erleben, um wirklich zu begreifen, dass wir einander nur als Leihgabe haben. Auf der Verstandesebene wissen wir natürlich, dass wir alle eines Tages sterben werden. Dieses Wissen und die Einsicht wahrhaft zu verinnerlichen, bedeutet lebenslanges Bemühen. Aber die Mühe lohnt sich.

Denn was passiert, wenn wir aufhören, das Leben als selbstverständlich zu erachten? Was passiert, wenn wir tatsächlich mit unserem ganzen Wesen begreifen, dass wir einander nur geliehen bekommen haben? Wir haben keine Zeit zu vergeuden. Eines Tages kommt der Abschied – von jedem der Menschen, der uns etwas bedeutet. Dass wir Leihgaben füreinander sind, ist das Einzige, was wir mit Sicherheit wissen können. Alles andere ist ein *Vielleicht*. Wenn wir uns daran erinnern, wird uns bewusst, dass es nur eine Weise gibt, uns gegenüber anderen Menschen und dem Leben an sich zu verhalten: achtsam.

Gibt es jemanden, der ein »Verzeih mir« von dir hören sollte? Warte nicht damit.

Gibt es jemanden, der einige Worte ausdrücklich von dir gesagt bekommen sollte, damit diese richtig bei ihm ankommen und er sie annehmen kann? Halte dich nicht damit zurück.

Gibt es etwas, das du getan hast und bereust und das du wiedergutmachen kannst? Versuche, es zu tun.

Vielleicht gibt es in deinem Leben jemanden, dem zu verzeihen dir unmöglich erscheint. Das kann sein. Manchmal ist es jedoch hilfreich, folgenden Gedanken durchzuspielen: Wärst du mit derselben DNA, demselben Karma, denselben Prägungen geboren worden wie derjenige, wärst du unter denselben Umständen aufgewachsen, denselben Menschen und denselben Erfahrungen ausgesetzt gewesen wie derjenige, dann hättest du dich höchstwahrscheinlich genauso verhalten wie er.

Natürlich gibt es unfassbar Verwerfliches. Darüber spreche ich jetzt nicht. Aber auch in unserem »normalen« Leben und Dasein gibt es mehr als genug Böswilligkeiten und Schlechtigkeiten, die wir verurteilen können. Aber vor dem *Menschen* sollten wir unser Herz nicht verschließen. Wenn wir tatsächlich gelernt haben, zwischen der Person und den Handlungen zu unterscheiden, haben wir einen großen Schritt getan.

Du bist nicht feige, nur weil du daran interessiert bist, die Liebe in dir zu mehren. Nur weil es ein schönes Gefühl ist, allem und jedem mit Herzlichkeit zu begegnen. Du bist weiterhin durchaus in der Lage, es klar zu zeigen, wenn jemand zu weit gegangen ist, übel gehandelt hat. Aber du kannst zwischen der Tat und dem Menschen unterscheiden.

Bewegt sich etwas in dir, wenn ich so etwas sage? Gibt es vielleicht jemanden in deinem Leben, für den du dein Herz einfach nicht öffnen willst? Das ist zutiefst verständlich. Versöhnung und Vergebung sind keine Kleinigkeiten. Aber versuche einmal, besonnen und objektiv darauf zu achten, welche Auswirkung das auf deine Gefühle hat. Was passiert, wenn du dein Herz vor jemandem verschließt? *Der andere* leidet vermutlich gar nicht unmittelbar darunter, aber *du* schadest *dir* damit. Du säst in dir eine bittere Saat. Und wenn du dich dann auch noch oft an den Menschen erinnerst, dem du nicht vergeben kannst, kann das zu einer Verbitterung führen, die dir wirklich schadet, ohne dass es bei dem anderen das Geringste auslöst.

Mich haben immer die japanischen Soldaten auf den Inseln im Pazifik fasziniert, die sich weigerten zu glauben, dass der Weltkrieg beendet war. Manche waren noch Jahrzehnte nach dem Friedensschluss mit ihren Waffen allzeit bereit. Sie wollten sich partout nicht hinters Licht führen lassen, dass der Krieg vorbei wäre, *nichts* würde sie dazu zwingen, sich zu ergeben!

Oft ist es bei uns das Gleiche. Wir sind so sehr auf Krieg eingestellt, dass wir das Friedenssignal verpassen. Aber am Ende erkennen wir es – *der Krieg ist vorbei*. Er war schon lange beendet. Der Frieden, den wir mit uns selbst schließen, ist der wichtigste von allen. Haben wir das erst einmal getan, erledigt sich vieles ganz natürlich und wie von selbst.

Ich mag dieses Bild: *Der Krieg ist vorbei. Hisse die weiße Fahne.* Nur an diesem Ort kann die Versöhnung beginnen. Wir können nicht darauf warten, dass ein anderer bereit ist, zu vergeben, zu versöhnen, weiterzugehen.

Hier beginnt es. Hier endet es.

Ich erinnere mich manchmal an eine Begebenheit aus meinen frühen Jahren als Mönch. Sie illustriert beispielhaft die Mechanismen rings um Kränkungen und welche Herausforderung es sein kann, sich von ihnen zu lösen.

Jedes Jahr im Januar erinnerten wir uns feierlich an Ajahn Chah, einen sehr bedeutenden Mönch innerhalb der Waldtradition und Gründer unseres Klosters. Wir gedachten des Ablebens des großen Meisters, indem wir seinen Todestag auf traditionelle Weise begingen. Er starb nur zwölf Tage, nachdem ich zum ersten Mal ins Kloster gekommen war. Die Zeremonie breitete sich zunehmend aus und etablierte sich weltweit. Und jedes Jahr kamen Mönche und Nonnen aus vielen Ländern, um den Tag mit uns zu begehen. Ein regelmäßiger Teilnehmer war ein Seniormönch aus England. Er war ein Mensch, mit dem es alle sehr schwer hatten. Deshalb sagte unser Lehrer vor seinem Besuch in etwa Folgendes zu uns: »Hört mal. Wir werden uns bemühen, diesem Mönch eine Fünf-Sterne-Behandlung zuteilwerden zu lassen. Er ist nur kurz bei uns. In der Zeit soll er sich als ein geliebter Meister fühlen.«

Das klang wie ein guter Appell und dafür wollten wir uns gern einsetzen. Hier kam jemand, der ziemlich exzentrisch war, bei dem Mönche nicht gern blieben, mit dem zu leben nicht so leicht war. Wir wollten unser Bestes geben. So machten wir es.

Eines Abends saß ich mit dem Seniormönch bei seiner Hütte und massierte seine Füße. Wir hatten in unserer Tradition eine ausgeprägte Massagekultur, häufig massierten wir uns gegenseitig die Füße. Hauptsächlich massierten die jüngeren Mönche die älteren. Das war gleichsam ein Vorwand, um ein bisschen in deren Nähe bleiben und an ihren Geschichten und Weisheiten teilhaben zu können. Anfangs waren die Massagen für uns Mönche aus dem Westen sehr ungewohnt. Für die Thailänder war das anders. In ihrer Tradition ist die Körperlichkeit im Umgang miteinander ganz natürlich.

Man hatte mir erzählt, dass Ajahn Chah, ein Thailänder, eines Tages einen Seniormönch aus dem Westen, Ajahn Sumedho, fragte, ob dieser seinem eigenen Vater die Füße massiere. Ajahn Sumedho, ein Amerikaner, 1934 geboren, antwortete mit Abscheu in der Stimme: »Nein, wirklich nicht!« Worauf Ajahn Chah ruhig konstatierte: »Ah, vielleicht hast du deshalb so viele Probleme.«

Da saß ich also nun, mit meinem kleinen Tuch, einer Flasche mit Öl und meinem eigenhändig geschnitzten hölzernen Massagestab für die Füße. Wir beide hatten es auf Art der Mönche gemütlich. Der englische Mönch ergriff das Wort und erzählte mir von der guten alten Zeit, von Meistern, denen er begegnet war, und von Abenteuern, die er erlebt hatte. Es war angenehm und entspannt. Dann tauchte ein Name auf, der Name eines anderen Seniormönchs unserer Tradition. Da veränderte sich das Wesen des Mönchs komplett. Plötzlich war er sehr verärgert, er reagierte kurz angebunden, klang böse und verbittert. Er berichtete von den Fehlern, die der andere Mönch vor langer Zeit gemacht hatte, und wie ungerecht das gewesen war. Jung und naiv, wie ich war, sagte ich so etwas wie: »Ja, aber das ist zweiundzwanzig Jahre her. Wäre es nicht an der Zeit, das mal loszulassen?«

Ich möchte dir einen Tipp geben: Fordere einen aufgebrachten Menschen niemals dazu auf loszulassen. Das kommt sehr selten gut an und es hat ebenso selten den gewünschten Effekt. Einzig und allein uns selbst dürfen wir ermahnen loszulassen, und nur da funktioniert es. Aber diese Lektion hatte ich noch nicht gelernt. Entsprechend fiel das Ergebnis nicht wie beabsichtigt aus. Der verbitterte Mönch war kein bisschen weniger verbittert. Eher noch mehr.

Als ich wegging, dachte ich eine Weile darüber nach, was gerade passiert war. Ich vermutete stark, dass sich der verärgerte Mönch fast täglich daran erinnerte, welche Ungerechtigkeiten er erlebt hatte. Ungerechtigkeiten, die ihm *seiner* Meinung nach widerfahren waren. Und da er sich so oft daran erinnerte, blieben sie ihm stets gegenwärtig, als wäre es tags zuvor gewesen. Die Bitterkeit blieb gewissermaßen »online« – rund um die Uhr zugänglich, Tag für Tag.

An dem Beispiel zeigt sich etwas Bemerkenswertes: Es veranschaulicht, auf welche Weise die Vergebung ein Schlüssel zur Freiheit sein kann. Wenn wir uns mit dem Geschehenen versöhnen, geht es nicht in erster Linie darum, großmütig zu sein. Es geht vielmehr darum, die Gesundheit unseres eigenen Geistes zu schützen, indem wir entscheiden, mit welchen Gefühlen wir ihn erfüllen wollen.

Der thailändische Mönch Luang Por Doon gehörte zu meinen Favoriten in der Waldtradition. Intellektuell brillant, war er zugleich meditativ tief erfahren. Der damalige thailändische König und die Königin gehörten zu seinen Anhängern. Sie besuchten Luang Por Doon daher regelmäßig, um Geschenke zu bringen und ihm Fragen zu stellen. Bei einer Gelegenheit stellte der König respektvoll die große Frage: »Luang Por Doon, wirst du jemals wütend?« Das war ein heikles Thema, denn in der östlichen Religion legt man sehr großen Wert auf Gleichmut. Es gilt als bewundernswert, sich nicht zu starken Gefühlen und Reaktionen hinreißen zu lassen. Luang Por Doon antwortete auf Thailändisch: »*Mee, dtä mai aow.*« Das bedeutet ungefähr: »Wut entsteht, aber niemand ergreift von ihr Besitz.«

Ich mag diese Geschichte, denn sie zeigt, wie es sein kann, wenn der innere Raum eines Menschen so groß ist, dass dort Platz für alle Gefühle ist. Wir hören nicht auf, Gefühle zu haben, die wir als negativ oder schwierig erleben. Wir hören nur auf, sie in Besitz zu nehmen, uns mit ihnen zu identifizieren. Dann können sie uns nichts mehr anhaben und uns nicht dazu bringen, Dinge zu tun, die wir später bereuen.

Vom Außen zum Innen

Wenn Menschen meine Geschichte hören, sagen sie manchmal etwas wie: »Du musst aber viel gelernt haben!« Vielleicht habe ich das, aber ich habe nicht das Gefühl, einen großen Sack voll mit zeitloser Weisheit und Erkenntnissen zu tragen. Eher im Gegenteil. Ich reise mit weniger Gepäck denn je durchs Leben. Weniger von mir und mehr Platz für das Leben. Das hat mich klüger gemacht. Allerdings eher so wie Pu der Bär als wie Kaninchen. Wenn im Leben Sturm aufzieht, vertraue ich mittlerweile nur noch auf das Gewahrsein. Sobald ich merke, dass es anstrengend und mühsam wird, lasse ich, wenn es geht, vom Widerstand ab. Ich bemühe mich, das Mühevolle stattdessen willkommen zu heißen, dadurch hindurchzuatmen. Etwas mehr wie Muminvater zu reagieren, wenn er aufs Meer hinausschaut und sagt: »Kinder, ein Sturm zieht auf. Kommt, wir holen das Ruderboot und machen einen Ausflug!«

Langsam, aber sicher habe ich entdeckt, dass es eine klügere Stimme gibt, auf die ich nun höre. Dass ich mit dem Leben tanzen kann, statt es kontrollieren zu wollen. Dass ich das Leben mehr mit einer geöffneten Hand leben kann und weniger mit einer ängstlich geballten Faust. Ich möchte auf keinen Fall, dass jemand glaubt, man müsse siebzehn Jahre als Mönch oder Nonne leben, um Zugang zu dem zu finden, worüber ich spreche. Das ist für uns alle sehr erreichbar. Im Hinduismus lautet eine Weisheit: *Gott versteckte das kostbarste aller Juwelen dort, wo er wusste, dass du nie danach suchen wirst – in deiner eigenen Jackentasche.*

Ich wurde eines Abends im Kloster auf angenehme Weise daran erinnert. Nach der Abendmeditation entschloss sich Ajahn Jayasaro, uns spontan einen Vortrag zu halten. Dann und wann unter der Woche machte er das und an ebendiesem Abend erzählte er von einem Interview des thailändischen Königs mit der BBC. Der englische Journalist fragte den König, was er von dem westlichen christlichen Begriff Erbsünde halte. Die Antwort des Königs lautete:

»Als Buddhisten glauben wir nicht an die Erbsünde. Wir glauben an unsere ureigene Reinheit.«

Ureigene Reinheit klang zwar etwas gestelzt, beinhaltete für mich aber eine ersehnte Aufforderung. Als ich diesen Begriff hörte, bekam ich dort auf meinem Meditationskissen eine Gänsehaut. Und wenn nun die innere Stimme, die mir so oft zugeflüstert hatte, »So wie du bist, bist du nicht gut genug« – wenn die sich geirrt hatte?

Und wenn es nun stattdessen so ist, wie es in geistigen und religiösen Traditionen zu allen Zeiten gesagt wurde? Dass der Kern – das Unzerstörbare in jedem Menschen – ganz und gar unschuldig und rein ist. Es immer war, immer sein wird.

Das war's

Während dieses Buch geschrieben wird, wütet die Corona-Pandemie in Schweden und in großen Teilen der Welt. Angesichts meiner Erkrankung gilt für mich absolute Isolation. Für mich hat die Pandemie insofern etwas Gutes, als ich mich jede zweite Woche mit meinem besten Mönchsfreund Ajahn Sucitto aus England auf Facetime unterhalte. Neulich las er mir eine südafrikanische Kurzgeschichte vor. In der Schlussszene wird eine rührende Geste der Großzügigkeit zwischen zwei vollkommen Fremden geschildert.

Ajahn Sucitto gehört zu den großherzigsten Menschen, die kennenzulernen ich das Privileg hatte, und die Erzählung berührte mich sehr. Unter Tränen stammelte ich: »Solche Gesten scheinen heutzutage das einzig wirklich Wichtige zu sein.«

Ajahn Sucitto antwortete gelassen: »Nicht nur heutzutage. Immer. Nur weil ein Gutteil von äußeren Dingen weggefallen ist, seit Corona zugeschlagen hat, ist es noch deutlicher geworden.«

Gerade in meiner Situation gewinnt die folgende Frage besonders an Bedeutung: *Was ist heute für mich wichtig, wirklich wichtig?*

Es allen recht machen zu wollen, ist weniger wichtig geworden. Früher war mir das immer wichtiger, als ich es mir eigentlich gewünscht hätte.

Meine Dankbarkeit auszudrücken, ist wichtiger geworden. Denn die meisten sind wie ich: Sie *unter*schätzen, wie sehr sie tatsächlich *ge*schätzt werden.

Wirklich in jedem Augenblick im Hier und Jetzt zu sein, ist wichtiger denn je. Statt mich über das, was sein müsste und was vielleicht zukünftig sein wird, in gedanklichen Ablenkungsmanövern zu verirren.

Meine Kreise sind kleiner geworden. Ich konzentriere mich auf meine Nächsten. Ich will unbedingt sicher sein, dass sie wissen, wie gern ich sie habe.

Spiel und Spaß sind wichtiger geworden. Etwas zu meinen oder zu finden, ist weniger wichtig. Ich liebe die Antwort des legendären thailändischen Waldmönchs Ajahn Chah, als man ihn fragte: »Welches sind bei deinen Schülern aus dem Westen die größten Hindernisse auf dem Weg zur Erleuchtung?« Mit nur einem einzigen Wort brachte er es auf den Punkt: »Meinungen.«

Nie war es wichtiger, mir selbst ein guter Freund zu sein. Das gilt jetzt mehr denn je. Es ist an der Zeit, mir warmherzig zuzuhören. Freundlich mit mir selbst zu sprechen. Mit mir selbst genauso viel Geduld zu haben, wie ich sie an guten Tagen für andere aufbringe. Mir selbst mit noch mehr Humor zu begegnen.

Für mich ist es wichtig, jeden Morgen mit Elisabeth zu meditieren. Atemzug für Atemzug die Gedanken loszulassen und mich stattdessen behutsam dem zuzuneigen, was war, bevor ich geboren wurde, und was weitergeht, wenn der Rest von mir stirbt.

Für mich ist das wie etwas, wonach ich mich mein Leben lang gesehnt habe, ohne zu wissen, was es ist. Als hätte jemand, solange ich mich erinnern kann, auf meiner Schulter gesessen und geflüstert: »*Komm nach Hause!*«

Wie findet man denn nach Hause? Die beste Antwort auf diese Frage habe ich bei Meister Eckhart gefunden, einem deutschen Theologen aus dem frühen 14. Jahrhundert, von dem es heißt, er sei erleuchtet gewesen. Nach der Sonntagspredigt kam einmal ein altes Gemeindemitglied mit einer Bitte auf ihn zu: »Meister Eckhart, Sie sind offenbar Gott begegnet. Seien Sie so nett und helfen Sie mir, Gott kennenzulernen, so wie es Ihnen selbst gelungen ist. Aber Ihr Rat muss kurz und bündig sein, denn mein Gedächtnis lässt nach.«

»Das ist ganz einfach«, gab Meister Eckhart zur Antwort. »Um Gott zu begegnen so wie ich, musst du vollkommen verstehen, wer durch deine Augen herausschaut. Das ist alles, was du tun musst.«

Als ich erst wenige Jahre buddhistischer Mönch war, hörte ich bei einer Gehmeditation vor meiner Bambushütte im Dschungel dem Vortrag eines Mönchs namens Ajahn Brahm zu. Er sprach über den Tod und sagte an einer Stelle: »Wenn meine letzte Stunde kommt, dann wird es sich hoffentlich so anfühlen, wie nach einem fantastischen Konzert von Led Zeppelin glücklich und aufgewühlt hinaus in die kühle Nachtluft zu treten.« Ich wusste sofort, was er meinte. Wenn ich nun, vielleicht schneller, als ich es mir gewünscht hätte, meinem letzten Atemzug entgegengehe, tue ich das mit einem ähnlichen Gefühl. Zum Glück kann ich ohne jede Reue oder Unruhe auf mein Leben zurückblicken und darf mit einer grenzenlosen Mischung aus Staunen und Dankbarkeit feststellen:

Wow, an was für einer Reise, an was für einem Abenteuer habe ich teilnehmen dürfen! Wer hätte das gedacht? Wie ist es möglich, dass ich an so vielem teilnehmen durfte? Es kommt mir vor, als hätte ich drei Leben in der Zeit von einem geschafft.

Wie gelingt es mir immer wieder, klügere, großherzigere Menschen, als ich es bin, anzuziehen?

Wie kommt es, dass es mir nicht öfter schlimmer ergangen ist, wenn ich bedenke, wie viele erstaunliche, nicht durchdachte und bisweilen geradezu lebensgefährliche Dinge ich getan habe?

Warum in aller Welt haben mich so viele Menschen so gern?

Wie konnte alles so gut für mich laufen, obwohl ich nie einen nennenswerten Plan hatte?

Es gab einen sehr klugen, liebenswerten Mönch namens Luang Por Jun. Gegen Ende seines langen Lebens wurde bei ihm eine ungewöhnlich schwer zu behandelnde Form von Leberkrebs diagnostiziert. Seine Überlebenschancen waren minimal. Trotzdem schlug ihm der Arzt einen langen und komplexen Behandlungsplan vor, mit Bestrahlung, Chemotherapie und Operationen. Nachdem der Arzt sein Behandlungskonzept ausführlich erläutert hatte, sah Luang Por Jun seinen ebenfalls anwesenden Mönchsfreund mit seinem warmen, furchtlosen Blick fragend an: »*Sterben Ärzte nicht?*«

Ich habe die Geschichte im Nachhinein gehört und nie vergessen. Sie brachte eine Saite in mir zum Klingen.

Warum wird unsere Kultur so ganz und gar von der Erzählung dominiert, wie man dem Tod heldenmütig mit Kampf, Widerstand und Verleugnung entgegentritt? Warum wird der Tod so oft als Feind dargestellt, den es zu besiegen gilt? Der Tod als Beleidigung? Eine Niederlage? Ich möchte den Tod nur ungern als Gegensatz des Lebens betrachten. Lieber als Gegensatz zur Geburt. Und natürlich kann ich es nicht beweisen, aber ich bin immer zutiefst davon überzeugt gewesen, dass es selbstverständlich auf der anderen Seite weitergeht. Manchmal ist mir sogar so, als würde mich auf der anderen Seite ein wunderbares Abenteuer erwarten.

An dem Tag, an dem mein letzter Atemzug näher kommt – wann immer das auch sein mag –, seid so lieb und bittet mich nicht darum zu kämpfen. Tut stattdessen alles, was ihr könnt, um mir das Loslassen zu erleichtern. Versichert mir, dass ihr es gut hinbekommen werdet und dass ihr zusammenhaltet. Erinnert mich an alles, wofür wir dankbar sein können. Zeigt mir eure geöffneten Hände, damit ich mich daran erinnere, wie es sich nach meinem Wunsch anfühlen soll, wenn es so weit ist.

Elisabeth, wenn du dann nicht schon in meinem Bett liegst, dann komm und halt mich. Sieh mir in die Augen. Ich will als Letztes dieses Leben in deinen Augen sehen.

~

Nachwort

Es wäre kein Wunder, wenn du annehmen würdest, ich hätte dieses Buch geschrieben. Die Vorstellung, jemand zu sein, der ein Buch geschrieben hat, gefällt mir sehr. Doch offenbar war ich vom eigentlichen Schreiben des Buchs nicht so begeistert.

Zum ersten Mal schenkte mir der Verlag Bonnier Fakta 2011 sein Vertrauen mit einem Vertragsangebot, dann wieder 2016. Doch mein Perfektionismus und meine Angst, nicht zu genügen, waren mächtige Widersacher, die mich beide Male besiegten.

Der Verlag gab nicht auf und schickte Martin Ransgart, der mir beharrlich auf den Fersen blieb. Ich war gerade auf Tournee mit meinem Vortrag »Schlüssel zur Freiheit«. Den Gedanken an ein Buch hatte ich längst aufgegeben. Aber Martin ließ nicht locker. Er tauchte immer und überall auf, schrieb SMS und Mails. Am Ende fand ich, eine solche Beharrlichkeit müsse belohnt werden, und stimmte zu, allerdings mit dem Vorbehalt, dass ich Hilfe brauchte.

Hinter diesem Buch steht mehr als alle anderen meine Tourneepartnerin Caroline Bankler. Sprachgewandt und einfühlsam schrieb sie das ganze Buch in der ersten Person Singular, und zwar ungewöhnlich schnell und ungeheuer feinfühlig. Navid Modiri, mein Partner beim Podcast, gestaltete den Text dann noch unterhaltsamer und präziser, änderte teilweise die Reihenfolge. Caroline und ich schlugen anschließend weitere Veränderungen vor, damit meine persönliche Ausdrucksweise gewahrt bleibt. Von unschätzbarem Wert war die kenntnisreiche, kreative und empathische Redaktion des Textes durch den Verlagslektor Ingemar E. Nilsson. Darüber hinaus hatte Linus Lindgren Inhalte aus meinen Podcasts, Vorträgen, Meditationskursen und meinen zwei Radiosendungen mit dem Titel »Sommer in P1« exzerpiert.

Ich habe also immer noch kein Buch geschrieben. Caroline hat dieses Buch verfasst, und Navid, Ingemar, Martin, Linus und ich haben sie dabei nach Kräften unterstützt.

Ich hoffe, dass das Buch für sich spricht, dass es dich anspricht. Dass du es gerne immer mal wieder in die Hand nimmst. Dass manche Passagen und Ideen darin dein Leben begleiten werden. Dass das Buch ein Freund wird, der dir Freude macht und dich inspiriert, wenn alles gut ist, und der dich tröstet und dir Zuversicht schenkt, wenn die Umstände des Lebens dich herausfordern.

Danke für dein Vertrauen,
herzlichst
Björn Natthiko Lindeblad

Nachwort von Adyashanti

Ein gutes Buch zu lesen, ist, wie eine Reise zu unternehmen. Man begibt sich auf unbekanntes Terrain voller faszinierender Eindrücke und Erlebnisse. *Ich kann mich irren* schildert die geistige Reise eines Menschen durch die unerforschte Landschaft seines Inneren. Die Geschichte Björns als buddhistischer Mönch liest sich wie eine Reise zu immer neuen Stufen auf dem Weg zu Frieden, Liebe und Freiheit. So wie alle guten Geschichten spiegelt auch diese etwas allgemein Menschliches. Sie läuft weder auf eine Ziellinie noch auf einen großartigen letzten Satz hinaus – dafür aber begegnen wir einem Geist, der zu innerer Freiheit, zu Sinnhaftigkeit und Freude erwacht und der das im Alltag konkret und wahrhaftig lebt.

Weisheit ist nichts Erlerntes, sondern etwas, das wir uns durch unsere Lebenserfahrungen aneignen. Wirkliche Weisheit entsteht, wenn wir dem Leben mit klarem Blick bewusst begegnen. Oft sind es Misserfolge und Widerstände, die uns die Augen für unerwartete Einsichten öffnen und uns mit Dankbarkeit und Liebe erfüllen. Die Weisheit schwebt nicht hoch oben in den Wolken, sondern verbirgt sich in alltäglichen Begebenheiten hier auf der Erde. *Ich kann mich irren* enthält weise Erkenntnisse voller Empathie. Diese Art von Weisheit vermag das ganze Leben zu verändern und vielleicht sogar das Herz für ein dauerhaftes Gefühl des Wohlbefindens zu öffnen.

Die Haltung, die sich in diesem Buch vermittelt, ist die Voraussetzung für einen offenen Geist und ein offenes Herz. Diese Weisheit öffnet die Tür zu noch größeren Einsichten, vielleicht sogar zur Tiefe der Erkenntnis, die Buddha durch seine Erleuchtung erreichte. Sie weist den Weg zu Liebe, Gemeinschaft und Verständnis und kann bei der Lösung großer Herausforderungen helfen, denen die Menschheit gegenübersteht. Sie ist ein versöhnlicher Schlüssel für eine mächtige Tür. In seinem Buch schenkt uns Björn viele Perlen der Weisheit und lässt uns daran teilhaben, was er auf seinem Weg als buddhistischer Mönch gelernt hat.

Für diesen Weg ist ein hohes Maß an Sehnsucht, Mut, Ehrlichkeit und Integrität erforderlich. Ich nenne ihn den Weg des Herzens. Diesen Weg zeigte Buddha uns vor über 2500 Jahren auf. Oft beschleicht uns das Gefühl, durch die Dunkelheit zu stolpern, immer auf der Suche nach einem Funken Licht, der uns den weiteren Weg weist. Manchmal scheint dieses Licht auf eine geheimnisvolle Weise aus unserem Inneren zu kommen. Das geschieht oft, wenn wir es am allerwenigsten erwarten oder meinen, es nicht verdient zu haben. Wieder andere Lichtfunken kommen von außen, als Lebenserfahrungen oder in Gestalt von hilfreichen Mentoren oder Lehrern. Wir nehmen sie in Augenblicken wahr, in denen wir uns durch eine Art mystischer Intelligenz berührt fühlen, die uns auf gänzlich unerwartete Weise eine gnadenvolle Hand zu reichen scheint.

Wir alle sehnen uns nach einem Leben mit mehr Freiheit,

Wahrhaftigkeit und einem größeren Zusammengehörigkeitsgefühl. Aber leider versuchen viele Menschen intensiv, diese Sehnsucht zu ignorieren, denn es kann sehr schwer sein, sich darauf einzulassen. Und unser modernes Bewusstsein ist nur schlecht darauf vorbereitet zu »übersetzen«, was uns die Seele sagt.

Andere Menschen hingegen stürzen sich beim Versuch, sich mit dem inneren Licht zu vereinen, Hals über Kopf in die alten Weisheitstraditionen. Sie streben danach, die ewige Wahrheit, die tief in jedem Menschenherzen ruht, zum Leben zu erwecken. Manche dieser spirituellen Abenteurer entwickeln sich zu Vermittlern zwischen unseren geistigen Vorfahren und den gegenwärtig Suchenden, sie bilden gleichsam eine Verbindung zwischen den Welten. Ich bin davon überzeugt, dass Björn auf seine überaus menschliche und authentische Weise eine solche Brücke bietet und dass *Ich kann mich irren* eine solche Verbindung herstellt.

Was ich an diesem Buch besonders schätze, ist seine unprätentiöse Ehrlichkeit und Empathie. Reich an Erkenntnissen, präsentiert es große geistige Weisheiten, bleibt dabei aber geerdet und unserem Alltag verbunden. Manche Bücher vermitteln eine besondere innere Ruhe. Diese kann man geradezu sinnlich zwischen den Zeilen spüren. Sie stellt sich besonders ein, wenn man sich der enormen Präsenz des Autors gewahr wird. Genau das erlebte ich, als ich das ganze Buch in einem Rutsch las und damit teilhaben durfte an Björns Weisheit und seiner lebhaften Erzählweise.

Ich empfehle dir, dass du dir Zeit für das Buch nimmst. Genieße es wie einen warmen Sommertag oder eine belebende Tasse Tee. Und achte aufmerksam auf das, was es in dir wecken kann: das Gefühl stiller Achtsamkeit, das in unserer hektischen Welt so leicht übergangen wird.

Dieses Buch erklärt dir nicht, wer du sein solltest oder was du erreichen könntest, wenn du nur »fünf bestimmte Schritte zum Erfolg« befolgst. Stattdessen will es aufzeigen, wer und was du tatsächlich bist – jenseits von deiner persönlichen Vorstellung, wer du bist, und jenseits davon, wie du deiner Meinung nach sein solltest. *Ich kann mich irren* richtet sich an das ruhige Gewahrsein in dir: an dein Selbst hinter den Gedanken und Bildern, die die Sinne projizieren. Es erinnert dich auf liebevolle und höchst menschliche Weise daran, wer oder was durch deine Augen blickt und wie du mit jedem Tag mehr zum Licht streben und es in dir finden kannst.

Mögen alle Geschöpfe gedeihen
Adyashanti

Björn hat mehr als zwanzig Jahre lang an Adyashantis Unterricht teilgenommen. Adyashanti ist Amerikaner, und durch den Zen-Buddhismus hat er die seltene Gabe erlangt, den wahren Kern schwer verständlicher Lehren zu erfassen und anderen Menschen zu vermitteln. Stets ist seine Ansprache zutiefst menschlich, und sein Humor ist voller Herzlichkeit und Empathie. Zwischen unterschiedlichen Traditionen und Religionen baut Adyashanti Brücken statt Mauern. Er lädt uns ein innezuhalten und er lehrt uns wiederzuerkennen, was unvergänglich wahr ist und vollkommen befreiend.

Danksagung

Ich danke Mutter, Emma, Malin, Victor, Johan und Johanna und vor allem meinem geliebten Frederik! Ihr wisst, warum. Ich danke auch Martin für die stoische Hartnäckigkeit von Anfang an und Ingemar für die Geduld und Navid für die unverdrossene Überzeugung, dass am Ende alles gut werden wird. Unter anderem. Zuletzt und am meisten danke ich Björn für das wunderbarste Vertrauen, das mir je entgegengebracht wurde. Und für alles auf dem Weg. You rock my world.

Caroline

Ich danke dir, Björn, für deine Weisheit und dein Vertrauen. Du bist einer der inspirierendsten Menschen, mit denen zu spielen ich das Vergnügen hatte. Ich danke Caroline für die Ausdauer, die unvergleichliche Sorgfalt und das Gefühl für Qualität. Mein Dank geht auch an Martin, Ingemar und alle im Verlag. Ich danke Linus für die unermessliche Hingabe und die vielen Stunden des Transkribierens, Nachhörens und die Geduld. Danke, Amy, Howard und Adyashanti, für eure Unterstützung und eure aufmunternden Worte während der Reise.

Navid